HIGH ON LIVING
RESIDENTIAL ARCHITECTURE & INTERIOR DESIGN VOL. 01

curated by

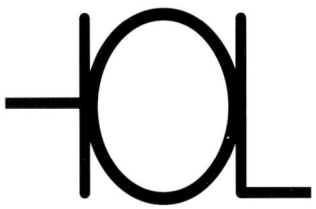

Editorial project:
2024 © **booq** publishing, S.L.
c/ Domènech, 7-9, 2° 1ª
08012 Barcelona, Spain
T: +34 93 268 80 88
www.booqpublishing.com

ISBN 978-84-9936-634-0

© 2024 HOL - curated by Diane Purcell & Ralf Daab

Editorial coordinator:
Claudia Martínez Alonso

Art director:
Mireia Casanovas Soley

Translation:
booq publishing, S.L.

English translation introduction:
Gérard A. Goodrow

Printing in Spain

booq affirms that it possesses all the necessary rights for the publication of this material and has duly paid all royalties related to the authors' and photographers' rights. **booq** also affirms that is has violated no property rights and has respected common law, all authors' rights and other rights that could be relevant. Finally, **booq** affirms that this book contains neither obscene nor slanderous material.
The total or partial reproduction of this book without the authorization of the publishers violates the two rights reserved; any use must be requested in advance.
In some cases it might have been impossible to locate copyright owners of the images published in this book. Please contact the publisher if you are the copyright owner in such a case.

7
INTRODUCTION

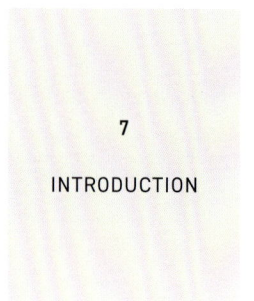
14
A.GRUPPO ARCHITECTS

24
ARKITEKT MANUELA HARDY AS

34
ARCHITEKTUR & VISUELLE KUNST

44
BRANDENBERGER KLOTER ARCHITEKTEN

54
BRETT ZAMORE DESIGN

64
BRUNO MARCANTONIO ARCHITEKTEN & MROSE BAUINGENIEURE

74
CAGE ATELIER & CONSTRUCTORA SAN JOSÉ, SA

84
CORTINA & KÄLL

94
DANIEL HUBER ARCHITEKTUR

104
DP ARQUITECTOS

114
FREESE ARCHITECTURE

124
GO INTERIORS

134
GRAMS.GRAMS ARCHITEKTUR

144
JASMIN & CO. INTERIORS

154

JOHN GRABLE
ARCHITECTS

164

M3 ARCHITEKTEN

174

MICHELE ARNABOLDI
ARCHITETTI

184

RAHNEE GLADWIN

194

RAULINO SILVA
ARQUITECTO

204

SCHOEPF LIVING

214

SETH ANDERSON
STUDIO

224

SIMMENGROUP

234

SLAUGHTER DESIGN
STUDIO

244

SUNNIVA ROSENBERG
ARKITEKTUR

254

TANDBERG MILLER
DESIGN

264

TRIGUEIROS
ARCHITECTURE

274

ABOUT HOL

278

DIRECTORY

HIGH ON LIVING – RESIDENTIAL ARCHITECTURE & INTERIOR DESIGN VOL. 01 presents living spaces that are functional, aesthetic, and sustainable. They integrate different styles, materials, and technologies to create personalized spaces that reflect the tastes and lifestyles of their occupants. Whether in the vast landscapes of Scandinavia, the majestic Alps, the coasts of southern Europe, or the rugged beauty of the American desert, the projects featured here are captivating examples of how architecture and interior design are created with a sense of place. They impressively demonstrate how architects and interior designers incorporate the unique conditions and characteristics of a region into their plans. The living spaces express a deep connection to the surrounding environment and culture. They are works of art that capture the soul of the region and remind us how harmoniously man and nature can coexist in harmony.

Ralf Daab

HIGH ON LIVING – RESIDENTIAL ARCHITECTURE & INTERIOR DESIGN VOL. 01 präsentiert Wohnräume, die funktional, ästhetisch und nachhaltig sind. Sie integrieren verschiedene Stile, Materialien und Technologien, um personalisierte Räume zu schaffen, die den Geschmack und Lebensstil der Bewohner*innen widerspiegeln. Ob in den weiten Landschaften Skandinaviens, in den majestätischen Alpen, an den Küsten Südeuropas oder in der rauen Schönheit der amerikanischen Wüste – die hier vorgestellten Projekte sind bestechende Beispiele dafür, wie Architektur und Interior Design mit Gespür für die Umgebung geschaffen werden. Sie zeigen eindrucksvoll, wie Architekt*innen und Interior Designer*innen die einzigartigen Gegebenheiten und Charakteristika einer Region in ihre Planungen einbeziehen. Die Wohnräume drücken eine tiefe Verbundenheit mit der Umgebung und der Kultur aus. Es sind Kunstwerke, die die Seele der Region einfangen und uns daran erinnern, wie harmonisch Mensch und Natur miteinander existieren können.

Ralf Daab

HIGH ON LIVING - RESIDENTIAL ARCHITECTURE & INTERIOR DESIGN VOL. 01 présente des espaces de vie fonctionnels, esthétiques et durables. Ils intègrent différents styles, matériaux et technologies pour créer des espaces personnalisés qui reflètent les goûts et les modes de vie de leurs occupants. Que ce soit dans les vastes paysages de Scandinavie, les Alpes majestueuses, les côtes du sud de l'Europe ou la beauté sauvage du désert américain, les projets présentés ici sont des exemples captivants de la façon dont l'architecture et le design d'intérieur sont créés avec un sens du lieu. Ils démontrent de manière impressionnante comment les architectes et les décorateurs d'intérieur intègrent les conditions et les caractéristiques uniques d'une région dans leurs plans. Les espaces de vie expriment un lien profond avec l'environnement et la culture qui les entourent. Ce sont des œuvres d'art qui capturent l'âme de la région et nous rappellent à quel point l'homme et la nature peuvent coexister harmonieusement.

Ralf Daab

HIGH ON LIVING - RESIDENTIAL ARCHITECTURE & INTERIOR DESIGN VOL. 01 presenta espacios funcionales, estéticos y sostenibles. Integran diferentes estilos, materiales y tecnologías para crear espacios personalizados que reflejan los gustos y estilos de vida de sus ocupantes. Ya sea en los vastos paisajes de Escandinavia, los majestuosos Alpes, las costas del sur de Europa o la agreste belleza del desierto americano, los proyectos aquí presentados son cautivadores ejemplos de cómo la arquitectura y el diseño de interiores se crean con un sentido del lugar. Demuestran de forma impresionante cómo arquitectos e interioristas incorporan a sus planes las condiciones y características únicas de una región. Los espacios habitables expresan una profunda conexión con el entorno y la cultura circundantes. Son obras de arte que capturan el alma de la región y nos recuerdan lo armoniosamente que pueden coexistir el hombre y la naturaleza.

Ralf Daab

A.GRUPPO ARCHITECTS

Andrew Nance, Thad Reeves

www.agruppo.com

With two Texas offices in the heart of Dallas and San Marcos, A.GRUPPO is a design + build architecture firm that specializes in sustainable, modern residential and commercial builds throughout the state of Texas. A sense of exploration and investigation is a driving force in their work and each project builds on a predecessor, either in terms of material exploration or construction technology. At the heart of their work is a quest for mastery of spatial articulation through light, materiality and composition which they believe is key to attaining the transcendent experiential quality of Architecture. There are a wide variety of issues impacting the practice of Architecture today. Technology, economics, and sustainability all shape the way architects engage the process. We believe the ongoing discourse of Architecture is a critical component to the process of practicing in this field.

Mit zwei Büros im Herzen von Dallas und San Marcos in Texas ist A.GRUPPO ein Design + Build-Architekturbüro, das sich auf nachhaltige, moderne Wohn- und Gewerbebauten im gesamten Bundesstaat Texas spezialisiert hat. Der Sinn für Erforschung und Erkundung ist eine treibende Kraft in ihrer Arbeit und jedes Projekt baut auf einem Vorgänger auf, sei es hinsichtlich der Materialerkundung oder der Bautechnologie. Im Mittelpunkt ihrer Arbeit steht das Streben nach der Beherrschung der räumlichen Artikulation durch Licht, Materialität und Komposition, die ihrer Meinung nach der Schlüssel zur Erreichung der transzendenten Erlebnisqualität der Architektur ist. Heutzutage gibt es eine Vielzahl von Themen, die sich auf die Architekturpraxis auswirken. Technologie, Wirtschaftlichkeit und Nachhaltigkeit prägen die Art und Weise, wie Architekten den Prozess angehen. Wir glauben, dass der laufende Diskurs über Architektur eine entscheidende Komponente für den Praxisprozess in diesem Bereich ist.

Avec deux bureaux au Texas, au cœur de Dallas et de San Marcos, A.GRUPPO est un cabinet d'architecture spécialisé dans la conception et la construction de projets résidentiels et commerciaux modernes et durables dans tout l'État du Texas. Un sens de l'exploration et de la recherche est une force motrice dans leur travail, et chaque projet repose sur un prédécesseur, que ce soit en termes d'exploration des matériaux ou de technologie de construction. Au cœur de leur travail se trouve la recherche de la maîtrise de l'articulation spatiale à travers la lumière, la matérialité et la composition, qu'ils estiment être la clé pour atteindre la qualité expérientielle transcendante de l'architecture. Il existe de nombreuses questions qui affectent la pratique de l'architecture aujourd'hui. La technologie, l'économie et la durabilité façonnent la manière dont les architectes participent au processus. Nous croyons que le dialogue continu sur l'architecture est un élément critique du processus de pratique dans ce domaine.

El terreno es una pequeña parcela que cae abruptamente hacia la parte trasera de la propiedad. Está definido por la curva de la calle y una pared de árboles existentes en el sitio. El anclaje del sitio es un roble de 7m de altura ubicado en el fondo de un barranco. La estrategia fue diseñar un proyecto que proporcionara un nuevo contexto en la curva de la carretera y que se conectara visualmente desde la calle. Dentro de la casa, los árboles y el cielo están siempre presentes, ya sea ocupando un espacio o mientras se mueve por ella. La huella es tan pequeña que las escaleras se vuelcan desde la casa sobre el barranco. La transparencia del espacio principal se enfatiza al maximizar el acristalamiento en esta área, incluido el suelo. Un mirador de vidrio permite ocupar el volumen en lugar de experimentarlo desde un lado.

17 VG

Texas, United States

The site is a small parcel that falls steeply towards the rear of the property. It is defined by the curve of the street and a wall of existing tree canopies on site. The anchor of the site is a 75' tall Oak located at the bottom of a ravine. The strategy was to design a house that provides a new context at the bend in the road, and visually links from the street to the existing tree line. Within the house the site, trees, and sky are always present, whether occupying a space or while moving through the house. The footprint is so small that the stairs cantilever from the house above the ravine. The transparency of the main space is emphasized by maximizing the glazing in this area including the floor. A glass perch allows one to occupy the volume rather than experience it from the side.

Das Grundstück ist eine kleine Fläche, das steil zur Rückseite hin abfällt. Es wird durch die Kurve der Straße und eine Mauer aus vorhandenen Baumkronen vor Ort definiert. Der Anker des Standorts ist eine 75 Fuß hohe Eiche am Fuße einer Schlucht. Die Strategie bestand darin, ein Haus zu entwerfen, das an der Straßenbiegung einen neuen Kontext bietet und eine visuelle Verbindung zwischen der Straße und der bestehenden Baumgrenze herstellt. Im Haus sind der Ort, die Bäume und der Himmel immer präsent, egal ob man einen Raum einnimmt oder sich durch das Haus bewegt. Die Grundfläche ist so gering, dass die Treppe vom Haus über die Schlucht hinausragt. Die Transparenz des Hauptraums wird durch die Maximierung der Verglasung in diesem Bereich einschließlich des Bodens betont. Eine Sitzstange aus Glas ermöglicht es, das Volumen einzunehmen, anstatt es von der Seite zu erleben.

Le terrain est une petite parcelle qui descend abruptement vers l'arrière de la propriété. Il est délimité par la courbe de la rue et un mur d'arbres existant sur le site. L'ancrage du site est un chêne vivant de 7 mètres de haut situé au fond d'un ravin. La stratégie consistait à concevoir une maison qui offrirait un nouveau contexte dans la courbe de la route et qui serait visuellement connecté depuis la rue. À l'intérieur de la maison, les arbres et le ciel sont toujours présents, que ce soit en occupant un espace ou en se déplaçant à travers lui. L'empreinte est si petite que les escaliers débordent de la maison sur le ravin. La transparence de l'espace principal est mise en avant en maximisant les vitrages dans cette zone, y compris le sol. Une terrasse en verre permet d'occuper le volume plutôt que de le percevoir depuis un côté.

El terreno es una pequeña parcela que cae abruptamente hacia la parte trasera de la propiedad. Está definido por la curva de la calle y una pared de árboles existentes en el sitio. El anclaje del sitio es un roble de 7m de altura ubicado en el fondo de un barranco. La estrategia fue diseñar una casa que proporcionara un nuevo contexto en la curva de la carretera y que se conectara visualmente desde la calle. Dentro de la casa, los árboles y el cielo están siempre presentes, ya sea ocupando un espacio o mientras se mueve por ella. La huella es tan pequeña que las escaleras se vuelcan desde la casa sobre el barranco. La transparencia del espacio principal se enfatiza al maximizar el acristalamiento en esta área, incluido el suelo. Un mirador de vidrio permite ocupar el volumen en lugar de experimentarlo desde un lado.

FERRAND RESIDENCE

Texas, United States

When the owners first discovered this 1930's stone bungalow in a historic neighborhood in New Braunfels, they were enamored by the heritage Live Oak that has been standing guard over this hillside since long before the area's German settlers arrived. The home suffered from several additions and the owners desired a large common area for the living room and kitchen. The entire home was gutted in order to reconfigure the spaces. To achieve the open plan, the roof of the original 90 m² farmhouse was reconstructed with wood trusses supporting a continuous glazed clerestory which bathes the new common areas with diffused natural light throughout the day. Rather than reproducing a building culture that no longer exists in the area, the proposed design embraced contemporary building customs and technologies utilizing welded steel and large expanses of glass. The result highlights a juxtaposition of the hand-made versus machine-made.

Als die Eigentümer diesen Steinbungalow aus den 1930er-Jahren zum ersten Mal in einem historischen Viertel in New Braunfels entdeckten, waren sie von der historischen Live Oak fasziniert, die diesen Hügel schon lange vor der Ankunft der deutschen Siedler bewachte. Das Haus litt unter mehreren Anbauten und die Eigentümer wünschten sich einen großen Gemeinschaftsraum für Wohnzimmer und Küche. Das gesamte Haus wurde entkernt, um die Räume neu zu gestalten. Um den offenen Grundriss zu erreichen, wurde das Dach der ursprünglich 90 m² großen Fläche erweitert. Das Bauernhaus wurde mit Holzbindern rekonstruiert, die einen durchgehenden verglasten Obergaden tragen, der die neuen Gemeinschaftsbereiche den ganzen Tag über mit diffusem natürlichem Licht durchflutet. Anstatt eine Baukultur zu reproduzieren, die es in der Gegend nicht mehr gibt, berücksichtige der vorgeschlagene Entwurf zeitgenössische Bautechnologien und -bräuche unter Verwendung von geschweißtem Stahl und großen Glasflächen. Das Ergebnis unterstreicht die Gegenüberstellung von Handgefertigtem und Maschinellem.

Lorsque les propriétaires ont découvert cette maison en pierre des années 1930 dans un quartier historique de New Braunfels, ils sont tombés amoureux du chêne vivant qui veillait sur cette colline bien avant l'arrivée des colons allemands. La maison a subi plusieurs ajouts et les propriétaires souhaitaient une grande aire commune pour le salon et la cuisine. Toute la maison a été démantelée pour réorganiser les espaces. Pour obtenir un plan ouvert, le toit de la ferme d'origine de 90 m² a été reconstruit avec des poutres en bois soutenant une claire-voie vitrée continue qui baigne les nouvelles zones communes de lumière naturelle diffuse toute la journée. Au lieu de reproduire une culture de construction qui n'existe plus dans la région, le design proposé a adopté des technologies et des pratiques de construction contemporaines en utilisant de l'acier soudé et de vastes étendues de verre. Le résultat met en avant une juxtaposition entre le fait main et le fait machine.

Cuando los propietarios descubrieron por primera vez esta casa de campo de piedra de la década de 1930 en un vecindario histórico de New Braunfels, quedaron enamorados del roble en vivo que había estado de guardia en esta ladera mucho antes de que llegaran los colonos alemanes. La casa sufrió varias adiciones y los propietarios deseaban una gran área común para la sala de estar y la cocina. Toda la vivienda fue desmantelada para reconfigurar los espacios. Para lograr el plano abierto, el techo de la granja original de 90 m² se reconstruyó con vigas de madera que soportan un claristorio acristalado continuo que baña las nuevas áreas comunes con luz natural difusa durante todo el día. En lugar de reproducir una cultura de construcción que ya no existe en la zona, el diseño propuesto abrazó costumbres y tecnologías de construcción contemporáneas utilizando acero soldado y grandes extensiones de vidrio. El resultado destaca una yuxtaposición entre lo hecho a mano y lo hecho a máquina.

SOUTHLAKE

Texas, United States

Designed to evoke the courtyard houses and brick construction of the owners' home culture, the house blends comfortably into its post war Metroplex neighborhood. The entry sequence establishes an immediate connection to the transparency of the house with sight lines all the way into the backyard. Shading and management of natural light were essential considerations in the design. Two large windows high on the western facade are shaded by a large steel screen to reduce glare in the interiors. Inside, sunlight bounces on surfaces, as ceiling planes are folded into sculptural forms to allow light to animate the space throughout the day. The plan allows this family of four to grow in place comfortably, retreating and coming together as desired. The guest room, located near the front entry is also accessible through a separate entry from the side yard and provides accommodation for longer-term guests and extended family visits.

Das Haus ist so gestaltet, dass es an die Hofhäuser und die Ziegelbauweise der Heimatkultur der Eigentümer erinnert, und fügt sich bequem in das Metroplex-Viertel der Nachkriegszeit ein. Die Eingangsreihenfolge stellt eine unmittelbare Verbindung zur Transparenz des Hauses mit Sichtlinien bis in den Hinterhof her. Beschattung und Management des natürlichen Lichts waren wesentliche Überlegungen bei der Gestaltung. Zwei große Fenster hoch oben an der Westfassade werden von einem großen Stahlschirm beschattet, um die Blendung in den Innenräumen zu reduzieren. Im Inneren reflektiert Sonnenlicht auf Oberflächen, während die Deckenebenen zu skulpturalen Formen gefaltet werden, damit das Licht den Raum den ganzen Tag über beleben kann. Der Plan ermöglicht es dieser vierköpfigen Familie, bequem an Ort und Stelle zu wachsen, sich zurückzuziehen und nach Wunsch zusammenzukommen. Das Gästezimmer, das sich in der Nähe des Vordereingangs befindet, ist auch über einen separaten Eingang vom Seitenhof aus zugänglich und bietet Unterkunft für Langzeitgäste und längere Familienbesuche.

Conçue pour évoquer les maisons de cour et la construction en briques de la culture d'origine des propriétaires, la maison s'intègre confortablement dans leur quartier d'après-guerre du Metroplex. La séquence d'entrée établit immédiatement un lien avec la transparence de la maison, avec des lignes de vision s'étendant jusqu'à la cour arrière. L'ombre et la gestion de la lumière naturelle étaient des considérations essentielles dans la conception. Deux grandes fenêtres sur la façade ouest sont ombragées par un grand écran en acier pour réduire l'éblouissement dans un intérieur où la lumière du soleil rebondit sur les surfaces, les plafonds se plient en formes sculpturales pour permettre à la lumière d'animer l'espace tout au long de la journée. La disposition permet à cette famille de quatre personnes de vivre confortablement dans leur lieu, se retirant et se réunissant selon leurs souhaits. La chambre d'amis, située près de l'entrée principale, est également accessible par une entrée séparée depuis le côté de la cour et offre un hébergement pour les visiteurs de longue durée et les visites familiales.

Diseñada para evocar las casas de patio y la construcción de ladrillos de la cultura de origen de los propietarios, la casa se integra cómodamente en su vecindario de posguerra del Metroplex. La secuencia de entrada establece una conexión inmediata con la transparencia de la casa, con líneas de visión que llegan hasta el patio trasero. La sombra y la gestión de la luz natural fueron consideraciones esenciales en el diseño. Dos ventanas grandes en la fachada oeste quedan sombreadas por una gran pantalla de acero para reducir el deslumbramiento de un interior en el que la luz del sol rebota en las superficies, ya que los planos del techo se pliegan en formas esculturales para permitir que la luz anime el espacio durante todo el día. La distribución permite que esta familia de cuatro personas crezca cómodamente en su lugar, retirándose y reuniéndose según lo deseado. La habitación de invitados, ubicada cerca de la entrada principal, también es accesible a través de una entrada separada desde el patio lateral y proporciona alojamiento para visitantes de larga duración y visitas familiares.

LAMAN RESIDENCE

Texas, United States

Upon retirement after 40 years of teaching Fibre-Arts and Interior Design at Texas State University, the Laman's desired an exhibition gallery and painting studio to complement their modest 1970's era modern home. The program for this addition includes a library and a new master suite. Taking cues from the massing of the existing home, the addition was achieved through paired sculptural towers (gallery and studio) flanking a foyer and upper level library. The atmosphere in the towers utilizes two distinct natural lighting strategies. Ambient light is filtered by the North facing translucent walls while carefully placed skylights project pools of light through a series of ceiling baffles throughout the day. Views to the surrounding canopy of trees create an intimate gathering space for conversation and contemplation for the owners and their guests.

Nach ihrer Pensionierung nach 40 Jahren als Dozentin für Faserkunst und Innenarchitektur an der Texas State University wünschten sich die Lamans eine Ausstellungsgalerie und ein Malatelier als Ergänzung zu ihrem bescheidenen modernen Zuhause aus den 1970er-Jahren. Das Programm für diese Ergänzung umfasst eine Bibliothek und eine neue Master-Suite. In Anlehnung an die Masse des bestehenden Hauses wurde der Anbau durch paarweise skulpturale Türme (Galerie und Atelier) erreicht, die ein Foyer und eine Bibliothek auf der oberen Ebene flankieren. Die Atmosphäre in den Türmen nutzt zwei unterschiedliche natürliche Beleuchtungsstrategien. Das Umgebungslicht wird durch die nach Norden ausgerichteten lichtdurchlässigen Wände gefiltert, während sorgfältig platzierte Oberlichter den ganzen Tag über Lichtpools durch eine Reihe von Deckenlamellen projizieren. Der Blick auf die umliegenden Baumkronen schafft einen intimen Treffpunkt für Gespräche und Besinnung für die Eigentümer und ihre Gäste.

Après 40 ans d'enseignement de l'Art Textile et du Design d'Intérieur à l'Université d'État du Texas, les Laman désiraient une galerie d'expositions et un atelier de peinture pour compléter leur modeste maison moderne des années 1970. Le programme pour cette extension comprenait une bibliothèque et une nouvelle suite principale. En prenant comme référence la masse de la maison existante, l'extension a été réalisée à l'aide de deux tours sculpturales appariées (galerie et studio) flanquant un hall d'entrée et une bibliothèque à l'étage supérieur. L'atmosphère dans les tours utilise deux stratégies distinctes d'éclairage naturel. La lumière ambiante traverse les murs translucides orientés vers le nord, tandis que des puits de lumière soigneusement placés projettent des zones de lumière à travers une série de baffles dans le plafond tout au long de la journée. Les espaces avec vue sur les arbres environnants offrent un lieu intime pour la conversation et la contemplation pour les propriétaires et leurs invités.

Después de 40 años de enseñar Arte Textil y Diseño de Interiores en la Universidad Estatal de Texas, los Laman deseaban una galería de exposiciones y un estudio de pintura para complementar su modesta casa moderna de la década de 1970. El programa para esta adición incluye una biblioteca y una nueva suite principal. Tomando como referencia la masa de la casa existente, la adición se logró mediante dos torres escultóricas emparejadas (galería y estudio) flanqueando un vestíbulo y una biblioteca en el nivel superior. La atmósfera en las torres utiliza dos estrategias distintas de iluminación natural. La luz ambiental se filtra a través de las paredes translúcidas orientadas al norte, mientras que tragaluces cuidadosamente colocados proyectan piscinas de luz a través de una serie de bafles en el techo durante todo el día. Los lugares con vistas a los árboles circundantes consiguen un espacio íntimo para conversación y contemplación para los propietarios y sus invitados.

ARKITEKT MANUELA HARDY AS

Manuela Hardy

www.mh-arkitektur.no

The half Swiss- half Norwegian architect started her own company late in 2017. She also has a background in interior design, and is keen on creating holistic architecture, working inside out, or outside in. Mainly working in the segment of detached houses and cottages, she always works closely together with her clients to achieve the best possible results. Another main method in her work, is to have an intuitive approach to every project. A well-designed home will result in feeling good for the habitants and their visitors. The outcome should always have character, function well in everyday life, as well as being unique at the same time. Therefore, it is important to treat every design process individually. Functionality, aesthetics and experience are key words in every project. The architecture should work as a backdrop or scenery, while the customer plays the main role in every home or project.

Die halb schweizerisch-halb norwegische Architektin gründete Ende 2017 ihr eigenes Unternehmen. Sie hat auch einen Hintergrund in der Innenarchitektur und ist daran interessiert, ganzheitliche Architektur zu schaffen, sowohl von innen nach außen als auch von außen nach innen. Hauptsächlich ist sie im Segment der Einfamilienhäuser tätig und Ferienhäuser arbeitet sie stets eng mit ihren Kunden zusammen, um die bestmöglichen Ergebnisse zu erzielen. Eine weitere Hauptmethode ihrer Arbeit ist die intuitive Herangehensweise an jedes Projekt. Ein gut gestaltetes Zuhause wird dazu führen, dass sich die Bewohner und ihre Besucher wohlfühlen. Das Ergebnis sollte immer Charakter haben, im Alltag gut funktionieren und gleichzeitig einzigartig sein. Daher ist es wichtig, jeden Designprozess individuell zu behandeln. Funktionalität, Ästhetik und Erlebnis sind Schlüsselwörter bei jedem Projekt. Die Architektur soll als Kulisse oder Kulisse dienen, während der Kunde in jedem Haus oder Projekt die Hauptrolle spielt.

L'architecte mi-suisse, mi-norvégienne, a créé sa propre entreprise à la fin de l'année 2017. Elle a également une expérience en design d'intérieur et s'efforce de créer une architecture holistique, en travaillant de l'intérieur vers l'extérieur ou de l'extérieur vers l'intérieur. Travaillant principalement dans le segment des maisons individuelles et des chalets, elle collabore toujours étroitement avec ses clients pour obtenir les meilleurs résultats possibles. Une autre méthode clé dans son travail est d'adopter une approche intuitive pour chaque projet. Une maison bien conçue entraînera une sensation de bien-être pour les habitants et leurs visiteurs. Le résultat doit toujours avoir du caractère, fonctionner bien dans la vie quotidienne et être unique en même temps. Par conséquent, il est important de traiter chaque processus de conception individuellement. La fonctionnalité, l'esthétique et l'expérience sont des mots clés dans chaque projet. L'architecture doit servir de toile de fond ou de décor, tandis que le client joue le rôle principal dans chaque maison ou projet.

Esta arquitecta mitad suiza mitad noruega creó su propia empresa a finales de 2017. También tiene formación en diseño de interiores, y le entusiasma crear arquitectura global, proyectando de dentro a fuera, o de fuera a dentro. Trabajando principalmente en el segmento de casas unifamiliares y casas de campo, siempre trabaja en estrecha colaboración con sus clientes para lograr los mejores resultados posibles. Otro de los métodos principales de su trabajo es el enfoque intuitivo de cada proyecto. Una casa bien diseñada resultará agradable para los habitantes y sus visitantes. El resultado siempre debe tener carácter, funcionar bien en la vida cotidiana y ser único al mismo tiempo. Por eso es importante tratar cada proceso de diseño de forma individual. Funcionalidad, estética y experiencia son palabras clave en cada proyecto. La arquitectura debe funcionar como telón de fondo o escenario, mientras que el cliente desempeña el papel principal en cada hogar o proyecto.

VILLA R9

Rogaland, Norway

The detached house is somewhat remote, outside Stavanger in Rogaland. There used to be an older home here, which was demolished in favor of a new, modern home. The project owner was looking for good design and modern technology. The home is somewhat above average equipped with ingenious technical solutions that work well with the family's needs and use in everyday life. In the interior, there is extensive use of oak veneer. Other materials indoors are painted and lacquered surfaces, polished concrete, chrome and corian. The cladding is untreated heartwood in the upper part, and painted spruce in the lower part. The reference for the color choice on the green painted cladding is the surrounding nature, but also barns and farms in the area. On Jæren, green is a frequently used color on farms. In this project, the color helps to "land" the building against the green surroundings, while the lighter cladding at the top is allowed to "float" somewhat above the ground.

La maison individuelle est quelque peu isolée, à l'extérieur de Stavanger, dans le Rogaland. Il y avait autrefois une vieille maison ici, qui a été démolie en faveur d'une nouvelle maison moderne. Le propriétaire du projet recherchait un bon design et une technologie moderne. La maison est équipée de manière quelque peu supérieure avec des solutions techniques ingénieuses qui répondent bien aux besoins de la famille dans la vie quotidienne. À l'intérieur, il y a une utilisation extensive du placage de chêne. D'autres matériaux à l'intérieur sont des surfaces peintes et laquées, du béton poli, du chrome et du corian. Le revêtement est en bois de cœur non traité dans la partie supérieure et en épicéa peint dans la partie inférieure. La couleur du revêtement vert est inspirée de la nature environnante, mais aussi des granges et des fermes de la région. Dans la région de Jæren, le vert est une couleur fréquemment utilisée dans les fermes. Dans ce projet, la couleur aide à « ancrer » le bâtiment dans le cadre verdoyant, tandis que le revêtement plus clair en haut est autorisé à « flotter » quelque peu au-dessus du sol.

Das freistehende Haus liegt etwas abgelegen außerhalb von Stavanger in Rogaland. Hier befand sich früher ein älteres Wohnhaus, das zugunsten eines neuen, modernen Wohnhauses abgerissen wurde. Der Projektinhaber war auf der Suche nach gutem Design und moderner Technologie. Das Haus ist etwas überdurchschnittlich mit ausgeklügelten technischen Lösungen ausgestattet, die gut auf die Bedürfnisse der Familie und die Nutzung im Alltag abgestimmt sind. Im Innenraum wird in großem Umfang Eichenfurnier verwendet. Weitere Materialien im Innenbereich sind bemalte und lackierte Oberflächen, polierter Beton, Chrom und Corian. Die Verkleidung besteht im oberen Teil aus unbehandeltem Kernholz und im unteren Teil aus lackiertem Fichtenholz. Als Referenz für die Farbwahl der grün gestrichenen Fassade dienen die umliegende Natur, aber auch Scheunen und Bauernhöfe in der Umgebung. Auf Jæren ist Grün eine häufig verwendete Farbe auf Bauernhöfen. Bei diesem Projekt trägt die Farbe dazu bei, dass sich das Gebäude von der grünen Umgebung abhebt, während die hellere Verkleidung oben etwas über dem Boden „schwebt".

Esta casa unifamiliar está algo apartada, a las afueras de Stavanger, en Rogaland. Aquí había una casa más antigua, que se demolió para construir una nueva y moderna. El propietario del proyecto buscaba un buen diseño y tecnología moderna. La casa está algo por encima de la media, equipada con ingeniosas soluciones técnicas que funcionan bien con las necesidades de la familia y su uso en la vida cotidiana. En el interior, hay un amplio uso de chapa de roble. Otros materiales del interior son superficies pintadas y lacadas, hormigón pulido, cromo y corian. El revestimiento es de duramen sin tratar en la parte superior, y de abeto pintado en la inferior. La referencia para la elección del color del revestimiento pintado de verde es la naturaleza circundante, pero también los graneros y granjas de la zona. En Jæren, el verde es un color muy utilizado en las granjas. En este proyecto, el color ayuda a «aterrizar» el edificio en el entorno verde, mientras que el revestimiento más claro de la parte superior se deja «flotar» un poco por encima del suelo.

VILLA SOLBERG

Grimstad, Norway

This is a detached house located on a hight in a neighborhood in Grimstad, perhaps Norway's sunniest place. A family with 3 children live here. The home has a pool, wine room and extra good storage space. Here lives a creative group who constantly have a project or two going on. The main entrance is one floor above the garage-level, and the living room is on top. Here you get a nice view of the sea. The home is designed with angles which make the house stand out a bit in the crowd. The materials here are fairly typical scandinavian, with wood wool cement boards in the ceilings. This surface is used to both enhance the acoustic, but it is also moisture absorbent. The color palette is calm, with black as a contrasting colour.

Il s'agit d'une maison individuelle située en hauteur dans un quartier de Grimstad, peut-être l'endroit le plus ensoleillé de Norvège. Une famille avec 3 enfants y vit. La maison dispose d'une piscine, d'une salle de vin et d'un espace de rangement supplémentaire de grande qualité. Une famille créative y habite, constamment engagée dans un projet ou deux. L'entrée principale est située un étage au-dessus du niveau du garage, et le salon est au sommet. De là, vous avez une belle vue sur la mer. La maison est conçue avec des angles qui la distinguent quelque peu de la foule. Les matériaux ici sont assez typiquement scandinaves, avec des panneaux en ciment à base de laine de bois au plafond. Cette surface est utilisée à la fois pour améliorer l'acoustique et pour absorber l'humidité. La palette de couleurs est calme, avec du noir comme couleur contrastante.

Dies ist ein freistehendes Haus auf einer Anhöhe in einem Viertel in Grimstad, dem vielleicht sonnigsten Ort Norwegens. Hier lebt eine Familie mit 3 Kindern. Das Haus verfügt über einen Pool, einen Weinraum und besonders viel Stauraum. Hier lebt eine kreative Gruppe, die ständig ein oder zwei Projekte am Laufen hat. Der Haupteingang befindet sich eine Etage über der Garagenebene und das Wohnzimmer befindet sich darüber. Hier hat man einen schönen Blick auf das Meer. Das Haus ist mit Winkeln gestaltet, die es aus der Masse hervorstechen lassen. Die Materialien hier sind ziemlich typisch skandinavisch, mit Holzwolle-Zementplatten in den Decken. Diese Oberfläche dient nicht nur der Akustik, sondern ist auch feuchtigkeitsabsorbierend. Die Farbpalette ist ruhig, mit Schwarz als Kontrastfarbe.

Se trata de una casa unifamiliar situada en un alto de un barrio de Grimstad, quizá el lugar más soleado de Noruega. Aquí vive una familia con 3 hijos. La casa tiene una piscina, sala de vinos y espacio de almacenamiento extra. Aquí vive un grupo creativo que constantemente tienen un proyecto o dos en marcha. La entrada principal está un piso por encima del nivel del garaje, y la sala de estar se sitúa en la parte superior. Desde aquí se tiene una bonita vista del mar. La casa está diseñada con ángulos que la hacen destacar entre la multitud. Los materiales son típicamente escandinavos, con placas de cemento de lana de madera en los techos. Esta superficie se utiliza tanto para mejorar la acústica como para absorber la humedad. La paleta de colores es tranquila, con el negro como color de contraste.

AJERHOUSE

Norway

This project was designed for an active family where the owners are active athletes, which the architect wanted to reflect in the design. Originally, there was an older detached house on the plot, which was demolished and replaced by the presented house. The new home consists of 2 forms/boxes that lie on top of each other. The architect had to take into account both a relatively tight budget in addition to strict regulations. The construction is relatively simple, where the frames that create the tactile appearance are like cold constructions on the outside. The interior is typical Scandinavian style with light oak and light materials as a base. Dark oak is brought in as a contrast to the light, and we can also see inspiration from Japan in the form of rectangular cubic shapes, transparent curtains reminiscent of rice paper, and crooked plants.

Dieses Projekt wurde für eine aktive Familie konzipiert, deren Eigentümer aktive Sportler sind, was der Architekt im Entwurf widerspiegeln wollte. Ursprünglich befand sich auf dem Grundstück ein älteres Einfamilienhaus, das abgerissen und durch das hier vorgestellte Haus ersetzt wurde. Das neue Zuhause besteht aus 2 Formen/Boxen, die übereinander liegen. Der Architekt musste sowohl mit einem relativ knappen Budget als auch mit strengen Vorschriften rechnen. Die Konstruktion ist relativ einfach, wobei die Rahmen, die das haptische Erscheinungsbild erzeugen, von außen wie kalte Konstruktionen wirken. Die Inneneinrichtung ist im typisch skandinavischen Stil gehalten, mit hellem Eichenholz und hellen Materialien als Basis. Als Kontrast zum Licht wird dunkles Eichenholz eingesetzt, außerdem können wir Inspiration aus Japan in Form von rechteckigen kubischen Formen, transparenten Vorhängen, die an Reispapier erinnern, und krummen Pflanzen erkennen.

Ce projet a été conçu pour une famille active dont les propriétaires sont des athlètes actifs, ce que l'architecte a voulu refléter dans la conception. À l'origine, il y avait une vieille maison individuelle sur le terrain, qui a été démolie et remplacée par la maison présentée. La nouvelle maison se compose de 2 formes/boîtes qui se superposent. L'architecte a dû tenir compte à la fois d'un budget relativement serré et de réglementations strictes. La construction est relativement simple, avec des cadres qui créent l'apparence tactile à l'extérieur. L'intérieur est de style typiquement scandinave, avec du chêne clair et des matériaux légers comme base. Le chêne foncé est utilisé en contraste avec la lumière, et l'on peut également voir une inspiration japonaise sous forme de formes cubiques rectangulaires, de rideaux transparents rappelant le papier de riz et de plantes tordues.

Este proyecto se diseñó para una familia activa en la que los propietarios son deportistas activos, lo que el arquitecto quiso reflejar en el diseño. Originalmente, había una casa unifamiliar más antigua en la parcela, que fue demolida y sustituida por la casa presentada. La nueva casa consta de 2 formas/cajas que se superponen. El arquitecto tuvo que tener en cuenta tanto un presupuesto relativamente ajustado como una estricta normativa. La construcción es relativamente sencilla, donde los marcos que crean la apariencia táctil son como construcciones frías en el exterior. El interior es de típico estilo escandinavo, con roble claro y materiales ligeros como base. El roble oscuro se introduce como contraste con la luz, y también podemos ver inspiración japonesa en forma de formas cúbicas rectangulares, cortinas transparentes que recuerdan al papel de arroz y plantas torcidas.

ARCHITEKTUR & VISUELLE KUNST
RETO SCHEIBER

www.retoscheiber.com

Architecture, art, and design are closely intertwined, but they are often taught separately. This separation often does not correspond to reality. This realization is not new; it was evident, for example, in the philosophical background of the Bauhaus University. Its name refers to the construction lodges of medieval cathedrals, where art and craftsmanship merged. I myself studied Fine Arts at Central Saint Martins College of Art and Design in London (MAFA) and interior design at HSLU in Lucerne (BA FHZ). Thanks to my background as a visual artist, I view architecture from a broad, art-based perspective. My visual language is focused and reduced to the essential. Order, calm, structure, and harmony underlie my work. My passion is to see space in its entirety, including its individual elements that structure and hold it together. Our office specializes in historical objects and existing building architecture.

Architektur, Kunst und Design sind eng miteinander verwoben, werden aber meist getrennt gelehrt. Diese Trennung entspricht der Realität oftmals nicht. Diese Erkenntnis ist nicht neu, sie zeigte sich beispielsweise im philosophischen Hintergrund der Bauhaus-Universität. Deren Name ist eine Anlehnung an die Bauhütten der mittelalterlichen Kathedralen, in denen Kunst und Handwerk schon früher verschmolzen. Ich selbst studierte bildende Kunst am Central Saint Martins College of Art and Design in London (MAFA) und Innenarchitektur an der HSLU in Luzern (BA FHZ). Mit meinem Hintergrund als bildender Künstler betrachte ich Architektur aus einem breiten, von Kunst geprägten Blickwinkel. Meine Bildsprache ist auf das wesentliche konzentriert und reduziert. Ordnung, Ruhe, Struktur und Harmonie liegen meinen Arbeiten zu Grunde. Meine Leidenschaft ist es, den Raum in seiner ganzen Fülle zu sehen, samt seinen einzelnen Elementen, welche ihn gliedern und zusammenhalten. Unser Büro ist spezialisiert auf historische Objekte und Architektur im Bestand.

L'architecture, l'art et le design sont étroitement liés, mais ils sont souvent enseignés séparément. Cette séparation ne correspond souvent pas à la réalité. Cette constatation n'est pas nouvelle ; elle était déjà évidente, par exemple, dans la philosophie sous-tendant l'Université Bauhaus. Son nom fait référence aux loges de construction des cathédrales médiévales, où l'art et l'artisanat se fondaient. J'ai moi-même étudié les beaux-arts au Central Saint Martins College of Art and Design de Londres (MAFA) et le design d'intérieur à la HSLU de Lucerne (BA FHZ). Grâce à ma formation en tant qu'artiste visuel, je considère l'architecture d'un point de vue élargi basé sur l'art. Mon langage visuel est concentré et réduit à l'essentiel. L'ordre, la tranquillité, la structure et l'harmonie sous-tendent mon travail. Ma passion est de voir l'espace dans toute sa plénitude, y compris ses éléments individuels qui le structurent et le maintiennent uni. Notre bureau est spécialisé dans les biens historiques et l'architecture des bâtiments existants.

La arquitectura, el arte y el diseño están estrechamente entrelazados, pero suelen enseñarse por separado. A menudo, esta separación no se corresponde con la realidad. Esta constatación no es nueva; quedó patente, por ejemplo, en el trasfondo filosófico de la Universidad Bauhaus. Su nombre es una referencia a las logias de construcción de las catedrales medievales, donde arte y artesanía se fusionaban antes. Yo misma estudié Bellas Artes en el Central Saint Martins College of Art and Design de Londres (MAFA) y diseño de interiores en la HSLU de Lucerna (BA FHZ). Gracias a mi formación como artista visual, contemplo la arquitectura desde una perspectiva amplia basada en el arte. Mi lenguaje visual es concentrado y reducido a lo esencial. Orden, calma, estructura y armonía subyacen en mi trabajo. Mi pasión es ver el espacio en toda su plenitud, incluidos sus elementos individuales, que lo estructuran y lo mantienen unido. Nuestra oficina está especializada en objetos históricos y arquitectura de edificios existentes.

BELIMATT HOUSE

Bürglen, Switzerland

After its renovation, the only classicist farm in Bürglen now has two floors and a duplex attic. A new staircase and a heated, glass-enclosed loggia were added to the house on each floor. The apartment building is inhabited by young people. The mix of styles in the historical rooms and contemporary furnishings is exciting and gives the interior a fresh character. The old state room with diagonal Felder parquet and the same Felder ceiling corresponds to the chord of 1834. Joseph Maria Regli's buffet, symmetrically arranged, has a slightly protruding comfortable and a sideboard with a porticoed rear wall. The tall furniture is framed by pilasters and ends in a coved cornice. Both the sideboard and the tile stove were renovated and restored in their original design and materials. The old load-bearing wooden structures in the attic were planed, treated, and made visible again after many hours of work. An atmospheric lighting concept gives a new light to the living spaces.

Das einzige klassizistische Bauernhaus in Bürglen verfügt nach seiner Renovation über zwei 4 ½ Wohnungen und eine 4 ½ Maisonette-Dachwohnung. Dem Haus wurde ein neues Treppenhaus und jeweils pro Geschoss eine verglaste, beheizbare Loggia hinzugefügt. Das Mehrfamilienhaus wird von jungen Menschen bewohnt. Der Stilmix aus historischen Räumen und zeitgenössischer Möblierung ist spannungsvoll und verleiht dem Interieur einen frischen Charakter. Die ehemalige Prunkstube mit diagonalem Felder-Parkett und ebensolcher Felder-Decke entspricht dem Akkord von 1834. Das symmetrisch angeordnete Buffet von Joseph Maria Regli besitzt eine leicht vorkragende Kommode und eine Anrichte mit einer Arkaden-Rückwand. Die mit Pilastern gefassten Oberschränke enden in einem verkröpften Gesims. Das Buffet wie auch der Kachelofen wurde in ihrer ursprünglichen Ausstattung und ihrer Materialisierung renoviert und restauriert. Die alten tragenden Holz-Konstruktionen in der Dachwohnung wurden in zahlreichen Stunden gebürstet, behandelt und neu sichtbar gemacht. Durch ein stimmungsvolles Beleuchtungskonzept sind die Wohnräume neu in Szene gesetzt.

Après sa rénovation, la seule ferme classique de Bürglen dispose de deux étages et d'un duplex en attique. Une nouvelle cage d'escalier et une loggia vitrée et chauffée ont été ajoutées à chaque étage de la maison. L'immeuble d'appartements est habité par de jeunes gens. Le mélange de style entre les espaces historiques et les meubles contemporains est passionnant et confère à l'intérieur une ambiance fraîche. Le vieux salon de réception avec son parquet en chevrons Felder et le même plafond Felder datent de 1834. Le buffet de Joseph Maria Regli, disposé de manière symétrique, comporte une console légèrement saillante et un bahut avec un mur arrière à arcades. Les meubles hauts sont encadrés de pilastres et se terminent par une corniche incurvée. À la fois le bahut et le poêle en faïence ont été rénovés et restaurés dans leur conception et leurs matériaux d'origine. Les anciennes structures en bois portantes de l'attique ont été décapées, traitées et rendues visibles après de nombreuses heures de travail. Un concept d'éclairage d'ambiance apporte une nouvelle lumière aux espaces de vie.

Tras su renovación, la única granja clasicista de Bürglen cuenta con dos pisos y un ático dúplex. Se añadieron a la casa una nueva escalera y una logia acristalada y calefactable en cada planta. El edificio de apartamentos está habitado por gente joven. La mezcla de estilo de las estancias históricas y el mobiliario contemporáneo resulta emocionante y confiere al interior un carácter fresco. El antiguo salón de estado con parqué Felder diagonal y el mismo techo Felder, corresponde al acorde de 1834. El bufé de Joseph Maria Regli, de disposición simétrica, tiene una cómoda ligeramente saliente y un aparador con la pared trasera porticada. Los muebles altos están enmarcados por pilastras y terminan en una cornisa acodada. Tanto el aparador como la estufa de azulejos fueron renovados y restaurados en su diseño y materiales originales. Las antiguas construcciones de madera portantes del ático se cepillaron, se trataron y se volvieron a hacer visibles tras muchas horas de trabajo. Un concepto de iluminación atmosférica da una nueva luz a los espacios habitables.

CONVERSION OF A SINGLE-FAMILY HOUSE BY THE LAKE

Switzerland

In terms of layout, construction, and typology, the lakefront house could easily pass as one of the 36 Case Study Houses, started as model homes between 1945 and 1966 by the Arts & Architecture magazine in Los Angeles. There are many parallels with American modernism icons. Highlighting the "friendly" design of a single level, the elongated hallway that connects everything, and the prominent view of Lake Uri. The building was designed and executed in 1966 by a young ETH architect, Rolf Sahli, right after finishing his studies. The residential building, initially still with carpets on the walls, resembled a 1960s movie set. During the conversion, it was opened up and rebuilt. The windows facing the lake were significantly expanded, the floors were covered in smoked oak Moonwood, and the walls, as well as the ceilings, were lined with a lightly glazed three-layer board. The door frames and baseboards were installed flush with the wall. Nothing unnecessary protrudes. An icon of late modernism newly interpreted on Lake Uri.

Das Wohnhaus am See könnte bezüglich Grundriss, Bauart und Typologie glatt als eines der 36 Case Study House durchgehen, welche als Musterhäuser zwischen 1945 – 1966 von der Zeitschrift Arts & Architecture in Los Angeles initiiert wurden. Es gibt viele Parallelen zu den amerikanischen Ikonen der Moderne. Die „bedienerfreundliche" Ein-Geschossigkeit, der alles verbindende, langgezogene Korridor und die prominente Sicht auf den Urnersee sind hier zu nennen. Das Objekt wurde 1966 von einem jungen ETH-Architekten, Rolf Sahli, direkt nach seinem Studium geplant und ausgeführt. Das Wohnhaus, anfangs noch mit Teppichen an den Wänden bestückt, glich einem Filmset aus den 1960er Jahren. Der Raum wurde im Zuge des Umbaus nach oben geöffnet und neu ausgebaut. Die Fenster in Richtung See wurden massiv vergrößert, die Böden wurden in Mondholz geräucherter Eiche verlegt und die Wände, wie auch die Decken, in einer hell lasierten 3-Schichtplatte ausgekleidet. Die Türzargen und der Sockel wurden flächenbündig mit der Wand verbaut. Nichts unnötiges steht vor. Eine neu interpretierte Ikone der Spätmoderne am Urnersee.

En termes de plan, de construction et de typologie, la maison au bord du lac pourrait facilement passer pour l'une des 36 Case Study Houses, initiées comme des maisons modèles entre 1945 et 1966 par le magazine Arts & Architecture de Los Angeles. De nombreux parallèles peuvent être établis avec les icônes américaines du modernisme. Il y a le design « convivial » de plain-pied, le couloir allongé qui relie tout et la vue dominante sur le lac d'Uri. L'immeuble a été conçu et réalisé en 1966 par un jeune architecte de l'ETH, Rolf Sahli, juste après avoir terminé ses études. La maison d'habitation, initialement encore tapissée de moquettes aux murs, ressemblait à un plateau de tournage des années 60. Au cours de la reconversion, elle a été ouverte et reconstruite. Les fenêtres donnant sur le lac ont été considérablement agrandies, les sols ont été revêtus de parquet en chêne Moonwood fumé, et les murs ainsi que les plafonds ont été revêtus de panneaux de trois couches légèrement vitrés. Les encadrements de portes et les plinthes ont été posés à fleur de mur. Rien de superflu ne dépasse. Une icône du modernisme tardif, nouvellement interprétée au bord du lac d'Uri.

En términos de planta, construcción y tipología, la casa junto al lago podría pasar fácilmente por una de las 36 Case Study Houses, iniciadas como casas modelo entre 1945 y 1966 por la revista Arts & Architecture de Los Ángeles. Hay muchos paralelismos con los iconos estadounidenses del modernismo. Destacan el diseño «amigable» de una sola planta, el pasillo alargado que todo lo conecta y la vista prominente del lago de Uri. El inmueble fue proyectado y ejecutado en 1966 por un joven arquitecto de la ETH, Rolf Sahli, justo después de acabar sus estudios. El edificio residencial, al principio todavía con moquetas en las paredes, parecía un plató de cine de los años sesenta. En el transcurso de la reconversión, se abrió hacia arriba y se reconstruyó. Las ventanas que dan al lago se ampliaron masivamente, los suelos se colocaron en roble ahumado Moonwood y las paredes, al igual que los techos, se forraron con un tablero de tres capas ligeramente acristalado. Los marcos de las puertas y el zócalo se instalaron a ras de la pared. No sobresale nada innecesario. Un icono del modernismo tardío recién interpretado en el lago de Uri.

NEW CONSTRUCTION OF THE IMHOLZ HOUSE

Büglen, Switzerland

The underlying concept in architecture and interior design aims, on the one hand, to connect the interior and exterior and, on the other hand, to engage with the adjacent nature and the family's own forest. The uniform rhythmic fir façade, treated with water and oil enamel, is based on the Fibonacci sequence and exudes a special harmony. The layout of the two 5 ½ room duplexes provides ample space for two young families. The bright rooms leave plenty of room for individual furnishings. Under the roof, you can cook, eat, and live with a magnificent view of the Uri mountains. The bedrooms, offices, and bathrooms are located on the lower floor. On the ground floor, there are two more units with 2 ½ and 3 ½ rooms. The building's construction and materials are predominantly made of wood. The interior of the prefabricated ceiling and wall elements was partly laid with a triple-layer white-glazed board and partly finely plastered and painted. The floors, except in wet areas, were covered with open-pore oiled oak parquet. The house blends beautifully with its surroundings.

Das holistische Grundkonzept, welches der Architektur und Innenarchitektur zugrunde liegt, soll zum einen Innen und Aussen verbinden, zum andern in einem Dialog mit der Natur und dem familieneigenen, angrenzenden Wald stehen. Die gleichmässig rhythmisierte, mit einer Wasser-Öl-Lasur behandelte Fichtenholz-Fassade orientiert sich an der Fibonacci-Folge und strahlt eine besondere Harmonie aus. Der Grundriss bei den zwei 5 ½ - Zimmer-Maisonette-Wohnungen ist gespiegelt und bietet viel Platz für die zwei jungen Familien. Die lichtdurchfluteten Räume lassen viel Spielraum für individuelle Möblierungen. Unter dem Dach wird mit herrlichem Blick auf die Urner Berge gekocht, gegessen und gewohnt. Im Geschoss darunter befinden sich die Schlaf-, Büro- und Baderäume. Im EG befinden sich zwei weitere Wohnungen mit 2 ½ und 3 ½ Zimmern. Die Konstruktion und die Materialisierung des Gebäudes sind fast gänzlich in Holz gehalten. So wurden die Fertigelemente der Decken und Wände innen teils mit einer weiss-lasierten Dreischichtplatte beplankt, teils fein verputzt und gestrichen. Der Boden wurde bis auf die Nasszonen mit einem offenporig geölten Eichenparkett belegt. Das Haus fügt sich wunderbar in seine Umgebung ein.

Le concept de base qui sous-tend l'architecture et le design intérieur vise à connecter l'intérieur et l'extérieur d'une part, et à dialoguer avec la nature et la forêt adjacente de la famille d'autre part. La façade en épicéa uniformément rythmique, traitée avec une lazure à base d'eau et d'huile, est basée sur la séquence de Fibonacci et rayonne une harmonie particulière. Le plan des deux duplex de 5 ½ pièces offre beaucoup d'espace pour les deux jeunes familles. Les pièces lumineuses offrent beaucoup d'espace pour un mobilier individuel. Sous le toit, on cuisine, on mange et on vit avec une magnifique vue sur les montagnes d'Uri. Les chambres, les bureaux et les salles de bains se trouvent à l'étage inférieur. Au rez-de-chaussée, il y a deux autres appartements de 2 ½ et 3 ½ pièces. La structure et les matériaux de construction de l'immeuble sont presque entièrement en bois. L'intérieur des éléments préfabriqués de plafond et de mur était en partie lambrissé avec une planche tricouche émaillée en blanc, et en partie finement plâtré et peint. Le sol, sauf dans les zones humides, était recouvert de parquet en chêne ouvert à l'huile. La maison s'intègre parfaitement dans son environnement.

El concepto básico que subyace en la arquitectura y el diseño interior pretende, por un lado, conectar el interior y el exterior y, por otro, dialogar con la naturaleza y el bosque adyacente de la propia familia. La fachada de abeto rítmico uniforme, tratada con un esmalte de agua y aceite, se basa en la secuencia de Fibonacci e irradia una armonía especial. La planta de los dos dúplex de 5 ½ habitaciones ofrece mucho espacio para las dos jóvenes familias. Las luminosas habitaciones dejan mucho espacio para el mobiliario individual. Bajo el techo, se cocina, se come y se vive con una magnífica vista de las montañas de Uri. Los dormitorios, despachos y cuartos de baño se encuentran en la planta inferior. En la planta baja hay otros dos pisos con 2 ½ y 3 ½ habitaciones. La construcción y los materiales del edificio son casi en su totalidad de madera. El interior de los elementos prefabricados de los techos y las paredes estaba en parte entablado con un tablero tricapa esmaltado en blanco, y en parte finamente enlucido y pintado. El suelo, salvo en las zonas húmedas, se cubrió con un parqué de roble aceitado de poro abierto. La casa se integra maravillosamente en su entorno.

BRANDENBERGER KLOTER ARCHITEKTEN

Oliver Brandenberger, Adrian Kloter

www.brandenbergerkloter.ch

Since the two architects Adrian Kloter and Oliver Brandenberger teamed up in 2011, they have been joining forces with committed protagonists in developing public buildings in the educational, cultural, and unique housing sectors. They are both interested in long-term, urban-planning development processes, as well as detailed research on materials, light and spaces. The wellbeing of future residents, users and guests, is always in their field of vision. The Focus of Oliver Brandenberger and Adrian Kloter lies on the way our living environments develop and also remain constant in a generational context. Based on this premise, they seek solutions for their respective tasks that fulfil both the demands of the context and the requirements which occure of the direct vicinity and of the users. Their work has won national and international awards.

Seit ihrem Zusammenschluss im Jahr 2011 entwickeln die beiden Architekten Adrian Kloter und Oliver Brandenberger gemeinsam mit engagierten Akteuren öffentliche Gebäude im Bildungs-, Kultur- und Sonderwohnbaubereich. Ihr Interesse gilt sowohl langfristigen, städtebaulichen Entwicklungsprozessen als auch der detaillierten Erforschung von Materialien, Licht und Räumen. Das Wohl der künftigen Bewohner, Nutzer und Gäste liegt stets im Blickfeld. Der Fokus von Oliver Brandenberger und Adrian Kloter liegt auf der Art und Weise, wie sich unsere Lebenswelten entwickeln und auch im Generationenkontext konstant bleiben. Ausgehend von dieser Prämisse suchen sie nach Lösungen für ihre jeweiligen Aufgaben, die sowohl den Anforderungen des Kontextes als auch den auftretenden Anforderungen der unmittelbaren Umgebung und der Nutzer gerecht werden. Ihre Arbeit wurde mit nationalen und internationalen Preisen ausgezeichnet.

Depuis que les deux architectes Adrian Kloter et Oliver Brandenberger se sont associés en 2011, ils ont joint leurs forces à celles d'acteurs engagés dans le développement de bâtiments publics dans les secteurs de l'éducation, de la culture et de l'habitat unique. Ils s'intéressent tous deux aux processus de développement urbanistique à long terme, ainsi qu'aux recherches approfondies sur les matériaux, la lumière et les espaces. Le bien-être des futurs résidents, utilisateurs et invités est toujours dans leur champ de vision. Oliver Brandenberger et Adrian Kloter se concentrent sur la manière dont nos environnements de vie se développent et restent constants dans un contexte générationnel. Partant de ce principe, ils recherchent des solutions pour leurs tâches respectives qui répondent à la fois aux exigences du contexte et à celles du voisinage direct et des utilisateurs. Leur travail a été récompensé par des prix nationaux et internationaux.

Desde que los dos arquitectos Adrian Kloter y Oliver Brandenberger se asociaron en 2011, han unido fuerzas con protagonistas comprometidos en el desarrollo de edificios públicos en los sectores educativo, cultural y de viviendas singulares. A ambos les interesan los procesos de desarrollo urbanístico a largo plazo, así como la investigación detallada sobre materiales, luz y espacios. El bienestar de los futuros residentes, usuarios y huéspedes, está siempre en su campo de visión. Oliver Brandenberger y Adrian Kloter se centran en el modo en que nuestros entornos vitales evolucionan y permanecen constantes en un contexto generacional. Partiendo de esta premisa, buscan soluciones para sus respectivas tareas que cumplan tanto las exigencias del contexto como los requisitos que se plantean al entorno directo y a los usuarios. Sus trabajos han sido galardonados con premios nacionales e internacionales.

ALPINE RESIDENCE

Andermatt, Switzerland

Inspired by the magic of the mountains and local craftsmanship, this project is located in the idyllic alpine village of Andermatt, in the heart of Switzerland. Elva Holiday Home houses 11 apartments in an elegant alpine living environment. The architecture combines traditional Swiss elements with contemporary furniture, creating an unparalleled living experience. With creativity, meticulous attention to detail, and technical expertise, local larch wood was smoked and used in the kitchen and all carpentry work, such as the wide sliding doors and wall coverings, while Salvan natural stone was precisely incorporated with a discreet joint pattern. A cladding technique inspired by Pietra rasa wraps the six-story solid wood building, dividing it into a basement and a two-story main building. The apartments are spacious, with high ceilings and differentiated windows that seamlessly integrate into the surroundings.

Inspiré par la magie des montagnes et l'artisanat local, ce projet est situé dans le charmant village alpin d'Andermatt, au cœur de la Suisse. La maison de vacances Elva abrite 11 appartements dans un environnement élégant de vie alpine. L'architecture associe des éléments suisses traditionnels à un mobilier contemporain, créant une expérience de vie inégalée. Avec créativité, une attention méticuleuse aux détails et une expertise technique, le bois de mélèze local a été fumé et utilisé dans la cuisine et dans tous les travaux de menuiserie, tels que les larges portes coulissantes et les revêtements muraux, tandis que la pierre naturelle de Salvan a été précisément incorporée avec un motif de joint discret. Une technique de revêtement inspirée de Pietra rasa enveloppe le bâtiment en bois massif de six étages, le divisant en un sous-sol et un bâtiment principal de deux étages. Les appartements sont spacieux, avec de hauts plafonds et des fenêtres différenciées qui s'intègrent parfaitement dans l'environnement.

Inspiriert von der Magie der Berge und der örtlichen Handwerkskunst entsteht steht im idyllisch gelegenen Alpendorf Andermatt mitten in der Schweiz ein besonderes Wohnerlebnis. Das Ferienhaus Elva beherbergt 11 Apartments in einem stilvollen Ort des alpinen Wohnens. Die Architektur verbindet typisch schweizerische Elemente mit zeitgenössischer Möblierung und schafft ein unvergleichliches Wohngefühl. Mit Kreativität, akribischer Detailtreue und technischem Know-how wurde lokales Lärchenholz geräuchert und bei Küchen und sämtlichen Schreinerarbeiten wie den grosszügigen Schiebetüren und Wandverkleidungen verarbeitet, sowie der Salvan Naturstein präzise und mit dezentem Fugenbild eingearbeitet. Eine von Pietra rasa inspirierte Putztechnik umhüllt den sechsgeschossigen Massivholzbau und wird dadurch in einen zweigeschossigen Sockel- und Hauptbau gegliedert. Die Wohnungen sind grosszügig geschnitten und mit hohen Decken und differenzierten Befensterung so großzügig und selbstverständlich in die Umgebung eingefügt.

Inspirado por la magia de las montañas y la artesanía local, este proyecto se encuentra en el idílico pueblo alpino de Andermatt, en el corazón de Suiza. La casa de vacaciones Elva alberga 11 apartamentos en un entorno elegante de vida alpina. La arquitectura combina elementos suizos tradicionales con mobiliario contemporáneo, creando una experiencia de vida inigualable. Con creatividad, atención meticulosa a los detalles y conocimientos técnicos, la madera de alerce local se ahumó y se utilizó en la cocina y en todos los trabajos de carpintería, como las amplias puertas correderas y los revestimientos de pared, mientras que la piedra natural de Salvan se incorporó con precisión y un patrón de juntas discreto. Una técnica de revestimiento inspirada en Pietra rasa envuelve el edificio de madera maciza de seis pisos, dividiéndolo en un sótano y un edificio principal de dos pisos. Los apartamentos son espaciosos, con techos altos y ventanas diferenciadas que se integran perfectamente en el entorno.

MAISONETTE HOUSE IN ARLESHEIMERSTRASSE

Basel, Switzerland

The Gundeldinger quarter in Basel is characterised by the typology of perimeter block development. The buildings clearly define the street spaces and leave out quiet inner courtyards. In the new residential building, two maisonette flats are located on the ground floor and in the attic. In between, on the second and third floors, are two storey flats. The front and rear façades both curve outwards. On the street side, a kind of bay window is created, on the garden side a wide, covered terrace. The large square natural wood windows facing the street are staggered. Towards the courtyard, the storey-high sliding windows can be opened completely, so that the living spaces connect with the terrace in front. The load-bearing structure is in exposed concrete. The non-load-bearing partition walls and the floors are lined with oak like a casing.

Das Gundeldingerquartier in Basel ist geprägt durch die Typologie der Blockrandbebauung. Die Bauten definieren die Strassenräume klar und sparen ruhige Innenhöfe aus. Im neuen Wohngebäude sind im Erd- und im Dachgeschoss zwei Maisonette-Wohnungen untergebracht. Dazwischen im zweiten und dritten Obergeschoss liegen zwei Geschosswohnungen. Vorder- und Hinterfassade knicken beide gegen aussen aus. Strassenseitig entsteht eine Art Erker, gartenseitig eine breite, gedeckte Terrasse. Die grossen quadratischen Naturholzfenster zur Strasse sind versetzt angeordnet. Zum Hof lassen sich die geschosshohen Schiebefenster ganz öffnen, so dass sich die Wohnräume mit den vorgelagerten Terrasse verbinden. Die Tragstruktur ist in Sichtbeton gehalten. Die nichttragenden Trennwände und die Böden sind wie ein Futteral mit Eiche ausgelegt.

Le quartier de Gundeldinger à Bâle se caractérise par la typologie des constructions en bordure d'îlot. Les constructions définissent clairement les espaces de rue et épargnent les cours intérieures calmes. Dans le nouveau bâtiment d'habitation, le rez-de-chaussée et les combles abritent deux appartements en duplex. Entre les deux, au deuxième et au troisième étage, se trouvent deux appartements à étages. Les façades avant et arrière s'ouvrent toutes deux vers l'extérieur. Côté rue, il en résulte une sorte d'encorbellement, côté jardin une large terrasse couverte. Les grandes fenêtres carrées en bois naturel donnant sur la rue sont décalées. Côté cour, les fenêtres coulissantes de la hauteur de l'étage s'ouvrent entièrement, de sorte que les pièces d'habitation communiquent avec la terrasse en amont. La structure porteuse est en béton apparent. Les cloisons non porteuses et les sols sont recouverts de chêne comme un fourreau.

El barrio de Gundeldinger, en Basilea, se caracteriza por la tipología de desarrollo en bloque perimetral. Los edificios definen claramente los espacios de las calles y dejan fuera tranquilos patios interiores. En el nuevo edificio de viviendas, dos dúplex se sitúan en la planta baja y en el ático. En medio, en las plantas segunda y tercera, hay pisos de dos plantas. Las fachadas delantera y trasera se curvan hacia el exterior. En el lado de la calle, se crea una especie de mirador; en el lado del jardín, una amplia terraza cubierta. Las grandes ventanas cuadradas de madera natural que dan a la calle están desplazadas. Hacia el patio, las ventanas correderas de un piso de altura se pueden abrir completamente, de modo que los espacios habitables conectan con la terraza de enfrente. La estructura portante es de hormigón visto. Los tabiques no portantes y los suelos están revestidos de roble.

REFURBISHMENT ON BACHLETTENSTRASSE

Basel, Switzerland

The 18th century basement rooms in need of renovation were converted into a summer flat. Two window enlargements make up the main intervention, allowing a lot of daylight into the depth of the room. The uncovered limestone was exposed and atmospherically thematised. This approach is supported by a stainless steel industrial kitchen, which reflects the colours of the adjacent materials and integrates itself as a contemporary element The existing balconies featuring cast iron supports had to be replaced due to advanced corrosion. The living space on the mezzanine floor was extended, while the remaining floors have been given a spacious balcony. The 1st and 2nd floors were merged to form a duplex flat. Similar to the first project phase, the windows have been enlarged to bring more light into the new kitchen/living room. The new kitchen made from dark green linoleum and a marble top serves as an eye-catcher for the entire apartment.

Les pièces du sous-sol du 18ᵉ siècle qui avaient besoin d'être rénovées ont été transformées en appartement d'été. L'intervention principale a consisté à agrandir deux fenêtres, ce qui a permis de faire entrer beaucoup de lumière du jour dans la profondeur de la pièce. La pierre calcaire découverte a été exposée et thématisée. Cette approche est soutenue par une cuisine industrielle en acier inoxydable, qui reflète les couleurs des matériaux adjacents et s'intègre comme un élément contemporain. Les balcons existants, dotés de supports en fonte, ont dû être remplacés en raison d'une corrosion avancée. L'espace de vie de la mezzanine a été agrandi, tandis que les autres étages ont été dotés d'un balcon spacieux. Les 1ᵉʳ et 2ᵉᵐᵉ étages ont été fusionnés pour former un appartement en duplex. Comme pour la première phase du projet, les fenêtres ont été agrandies pour apporter plus de lumière dans la nouvelle cuisine/salle de séjour. La nouvelle cuisine, faite de linoléum vert foncé et d'un plan de travail en marbre, attire le regard sur l'ensemble de l'appartement.

Das charmante Mehrfamilienhaus aus dem 18. Jahrhundert liegt an der schönen Bachlettenstrasse. Die vermeintliche Kellertreppe führt einen in den Garten, denn die Strasse ist höhenversetzt. Hier wurde 2014 in der 1. Etappe des Umbaus eine Gartenwohnung entwickelt. Die sanierungsbedürftigen Sockelgeschossräume wurden zu einer Sommerwohnung umgenutzt. Zwei Fenstervergrösserungen bilden den Haupteingriff, dadurch wird viel Tageslicht in die Raumtiefe geleitet. Der zum Vorschein gekommene Jurakalkstein wurde freigelegt und atmosphärisch thematisiert. Dieses Konzept wird von einer Chromstahl-Industrieküche unterstützt, welche die Farben der angrenzenden Materialien reflektiert und sich als zeitgenössisches Element integriert. Die bestehenden Balkone mit Gusseisenstützen mussten aufgrund der fortgeschrittenen Korrosion ersetzt werden. Im Hochparterre wurde der Wohnraum erweitert, die restlichen Geschosse erhalten einen grosszügigen Balkon. Das 1. und 2. Obergeschoss wurden zu einer Maisonette Wohnung zusammengelegt. Wie bereits bei der 1. Etappe leitet eine Fenstervergrösserung mehr Licht in die neue Wohnküche. Die neue Küche in dunkelgrünem Linoleum und einer Marmorabdeckung setzen den Akzent für die ganze Wohnung.

Las habitaciones del sótano del siglo XVIII, que necesitaban una reforma, se convirtieron en un apartamento de verano. Dos ampliaciones de ventanas constituyen la intervención principal, permitiendo la entrada de mucha luz natural en la profundidad de la habitación. La piedra caliza descubierta se expuso y se tematizó atmosféricamente. Este planteamiento se apoya en una cocina industrial de acero inoxidable, que refleja los colores de los materiales adyacentes y se integra como elemento contemporáneo Los balcones existentes, con soportes de hierro fundido, tuvieron que sustituirse debido a su avanzada corrosión. El espacio habitable de la entreplanta se amplió, mientras que las plantas restantes han sido dotadas de un espacioso balcón. Las plantas 1ª y 2ª se fusionaron para formar un piso dúplex. Al igual que en la primera fase del proyecto, se han ampliado las ventanas para que entre más luz en la nueva cocina/salón. La nueva cocina de linóleo verde oscuro y encimera de mármol sirve de reclamo para todo el apartamento.

BRETT ZAMORE DESIGN

Brett Zamore, Tzu-Yu Chen, Jae Castillo, Robert Pekrul

www.brettzamoredesign.com

Brett Zamore Design has gained national recognition for modern and sustainable architecture that is sensitive to our surrounding conditions, mindful of the past, the present and the shifting, ever-changing world. As a licensed Architect and LEED Accredited office, BZD designs unique, thoughtfully crafted and creative design solutions that embrace sustainable practices that take advantage of regional materials and local building techniques. This approach adds to the clarity and simplicity of design. Built with texture, composition, light and air, each project is well thought-out, captures the vision of the client and is a unique fit within its natural context.

Brett Zamore Design hat landesweite Anerkennung für moderne und nachhaltige Architektur erlangt, die auf unsere Umgebungsbedingungen Rücksicht nimmt und die Vergangenheit, die Gegenwart und die sich ständig verändernde Welt berücksichtigt. Als lizenzierter Architekt und LEED-akkreditiertes Büro entwirft BZD einzigartige, durchdachte und kreative Designlösungen, die nachhaltige Praktiken umfassen, die regionale Materialien und lokale Bautechniken nutzen. Dieser Ansatz trägt zur Klarheit und Einfachheit des Designs bei. Mit Textur, Komposition, Licht und Luft gebaut, ist jedes Projekt gut durchdacht, fängt die Vision des Kunden ein und fügt sich einzigartig in seinen natürlichen Kontext ein.

Brett Zamore Design a acquis une reconnaissance nationale pour son architecture moderne et durable, sensible aux conditions de notre environnement, consciente du passé, du présent et d'un monde en évolution. En tant qu'architecte agréé et bureau certifié LEED, BZD conçoit des solutions de conception uniques, soigneusement élaborées et créatives qui intègrent des pratiques durables en utilisant des matériaux régionaux et des techniques de construction locales. Cette approche apporte de la clarté et de la simplicité à la conception. Construits avec texture, composition, lumière et air, chaque projet est bien réfléchi, capture la vision du client et s'intègre de manière unique dans son contexte naturel.

Brett Zamore Design se ha ganado el reconocimiento nacional por su arquitectura moderna y sostenible, sensible a las condiciones de nuestro entorno, consciente del pasado, del presente y de un mundo cambiante. Como arquitecto autorizado y oficina acreditada LEED, BZD diseña soluciones de diseño únicas, cuidadosamente elaboradas y creativas que adoptan prácticas sostenibles que aprovechan los materiales regionales y las técnicas de construcción locales. Este enfoque aporta claridad y sencillez al diseño. Construido con textura, composición, luz y aire, cada proyecto está bien pensado, captura la visión del cliente y es un ajuste único dentro de su contexto natural.

ARLINGTON POOL HOUSE

Houston Heights, Texas, United States

This 360-sf pool house with its 840 sf of exterior covered deck provides additional living quarters to its neighboring residence. The dogtrot inspired structure aligns with the street's existing historic bungalows, nearly occupying the full width of the lot to conceal the private backyard and pool from the street. The structure, raised on piers with 8' wide covered porches at the front and the back, visually connects the front to back through a central breezeway with fireplace. The breezeway's sliding louvered doors open or close depending on need for privacy. Levels of light and air circulation can be regulated according to the changing demands of climate and inhabitant.

Dieses 360 Quadratmeter große Poolhaus mit seiner 840 Quadratmeter großen überdachten Außenterrasse bietet zusätzlichen Wohnraum für die Nachbarresidenz. Die von Dogtrott inspirierte Struktur passt zu den bestehenden historischen Bungalows der Straße und nimmt fast die gesamte Breite des Grundstücks ein, um den privaten Hinterhof und den Pool von der Straße abzuschirmen. Die auf Pfeilern errichtete Struktur mit 8 Fuß breiten überdachten Veranden an der Vorder- und Rückseite verbindet die Vorder- und Rückseite optisch durch einen zentralen Durchgang mit Kamin. Die Schiebetüren des Breezeway öffnen oder schließen sich je nach Bedürfnis nach Privatsphäre. Das Lichtniveau und die Luftzirkulation können entsprechend den sich ändernden Anforderungen des Klimas und der Bewohner reguliert werden.

Cette maison de piscine de 360 pieds carrés, avec sa terrasse extérieure de 840 pieds carrés, offre un logement supplémentaire à la résidence voisine. La structure, inspirée d'un « dogtrot », est alignée avec les bungalows historiques existants dans la rue, occupant presque toute la largeur du terrain pour cacher la cour arrière privée et la piscine de la rue. La structure, surélevée sur des piliers avec des porches couverts de 2,5 mètres de large à l'avant et à l'arrière, relie visuellement l'avant à l'arrière à travers une galerie centrale avec cheminée. Les portes coulissantes de la galerie s'ouvrent ou se ferment en fonction des besoins en matière d'intimité. Les niveaux de lumière et de circulation de l'air peuvent être régulés en fonction des exigences changeantes du climat et des habitants.

Esta casa de piscina de 360 pies cuadrados, con su cubierta exterior de 840 pies cuadrados, proporciona una vivienda adicional a su residencia vecina. La estructura, inspirada en un dogtrot, se alinea con los bungalows históricos existentes en la calle, ocupando casi toda la anchura de la parcela para ocultar el patio trasero privado y la piscina de la calle. La estructura, elevada sobre pilares con porches cubiertos de 2,5 m de ancho en la parte delantera y trasera, conecta visualmente la parte delantera con la trasera a través de una galería central con chimenea. Las puertas correderas de la galería se abren o cierran en función de las necesidades de privacidad. Los niveles de luz y circulación de aire pueden regularse en función de las exigencias cambiantes del clima y el habitante.

THE PINK HOUSE

Houston, Texas, United States

This 1,800-sf home is a customized house from BZD's zKit collection. One block from the Menil Collection in Houston's Montrose neighborhood, the 55' x 115' property is dominated by two Virginia Live Oaks. Four sliding glass doors bring in daylight and open onto a deck and side yard that run the length of the house. The home is raised 30" above grade for flood protection and to allow airflow and site-maximized water absorption beneath the structure. Reminiscent of the shotgun typology prominent across Houston, the home is organized along a circulation spine linking the side yard and interior rooms. The northern front-half of the house is a vaulted double-height section containing the street-facing kitchen and library-lined dining and living areas. The southern back-half houses the more private program.

Dieses 180 Quadratmeter große Haus ist ein maßgeschneidertes Haus aus der zKit-Kollektion von BZD. Einen Block von der Menil Collection im Houstoner Stadtteil Montrose entfernt wird das 55 x 115 Fuß große Grundstück von zwei Virginia Live Oaks dominiert. Vier Glasschiebetüren bringen Tageslicht herein und öffnen sich auf eine Terrasse und einen Seitengarten, die sich über die gesamte Länge des Hauses erstrecken. Das Haus ist 30 Zoll über dem Gefälle erhöht, um Hochwasserschutz zu bieten und eine Luftzirkulation sowie eine standortgerechte Wasseraufnahme unter der Struktur zu ermöglichen. Das Haus erinnert an die in ganz Houston verbreitete Schrotflinten-Typologie und ist entlang einer Erschließungslinie organisiert, die den Seitenhof und die Innenräume verbindet. Die nördliche Vorderhälfte des Hauses besteht aus einem gewölbten, doppelt hohen Bereich, in dem sich die zur Straße hin gelegene Küche und die von der Bibliothek gesäumten Ess- und Wohnbereiche befinden. Die südliche hintere Hälfte beherbergt das privatere Programm.

Cette maison de 180 m² est une maison personnalisée de la collection zKit de BZD. À un pâté de maisons de la Menil Collection, dans le quartier Montrose de Houston, la propriété de 17 x 35 mètres est dominée par deux chênes vivants de Virginie. Quatre portes coulissantes en verre laissent entrer la lumière du jour et s'ouvrent sur une terrasse et un patio latéral qui parcourent toute la maison. La maison est élevée à 9 mètres au-dessus du niveau du sol pour la protéger des inondations et permettre la circulation de l'air et l'absorption maximale de l'eau sous la structure. La maison, qui rappelle la typologie du fusil de chasse typique de Houston, est organisée le long d'une colonne vertébrale de circulation qui relie le patio latéral et les pièces intérieures. La moitié nord de la maison est une section voûtée à double hauteur qui abrite la cuisine, orientée vers la rue, et les espaces de salon et de salle à manger, entourés d'une bibliothèque. La moitié sud abrite le programme le plus privé.

Esta vivienda de 180 m² es una casa personalizada de la colección zKit de BZD. A una manzana de la Menil Collection, en el barrio Montrose de Houston, la propiedad de 17 x 35 m está dominada por dos robles Virginia Live Oaks. Cuatro puertas correderas de cristal dejan entrar la luz del día y se abren a una terraza y un patio lateral que recorren toda la casa. La casa se eleva 9 m sobre el nivel del terreno para protegerla de las inundaciones y permitir la circulación del aire y la máxima absorción de agua bajo la estructura. La casa, que recuerda a la tipología de escopeta típica de Houston, se organiza a lo largo de una espina dorsal de circulación que une el patio lateral y las habitaciones interiores. La mitad norte de la casa es una sección abovedada de doble altura que alberga la cocina, orientada a la calle, y las zonas de salón y comedor, rodeadas de una biblioteca. La mitad sur alberga el programa más privado.

BLANCO RIVER HOUSE

Wimberley, Texas, United States

The 2,000-sf, 2-bedroom and 2-½ bath house replaced a family home destroyed by the 2015 Blanco River flood. Raised higher, the house is well protected from future flooding while allowing much needed airflow under its structure. Large roof overhangs with exposed standing seam metal roofing and cedar soffit protect the home from the Hill Country's storms and summer sun. A central porte-cochère connects the main house with a garage that serves as a workshop. This home was designed to embrace its surrounding landscape, with evenly spaced windows offering open views to the adjacent river the surrounding trees. Its sawtooth roofline mimics the movement of the landscape and river. The house, clad with locally sourced cedar and limestone, reinforces its connection to its surroundings.

Das 180 Quadratmeter große Haus mit zwei Schlafzimmern und zweieinhalb Bädern ersetzte ein Einfamilienhaus, das 2015 durch die Überschwemmung des Blanco River zerstört wurde. Durch die Erhöhung ist das Haus gut vor künftigen Überschwemmungen geschützt und ermöglicht gleichzeitig die dringend benötigte Luftzirkulation unter seiner Struktur. Große Dachüberstände mit freiliegenden Stehfalzdächern aus Metall und eine Untersicht aus Zedernholz schützen das Haus vor den Stürmen und der Sommersonne des Hill Country. Eine zentrale Porte-Cochère verbindet das Haupthaus mit einer Garage, die als Werkstatt dient. Dieses Haus wurde so gestaltet, dass es sich in die umliegende Landschaft einfügt, mit gleichmäßig verteilten Fenstern, die einen freien Blick auf den angrenzenden Fluss und die umliegenden Bäume bieten. Seine sägezahnförmige Dachlinie ahmt die Bewegung der Landschaft und des Flusses nach. Das mit lokal angebautem Zedernholz und Kalkstein verkleidete Haus verstärkt seine Verbindung zur Umgebung.

La maison de 200 m², 2 chambres et 2½ salles de bains a remplacé une maison familiale détruite par l'inondation de la rivière Blanco en 2015. Élevée à une hauteur supérieure, la maison est bien protégée contre les futures inondations tout en permettant le flux d'air nécessaire sous sa structure. Les grands porte-à-faux avec toiture métallique à joint debout exposé et soffite en cèdre protègent la maison des tempêtes du Hill Country et du soleil d'été. Une porte de carrosse centrale relie la maison principale à un garage qui sert de atelier. Cette maison a été conçue pour embrasser le paysage environnant, avec des fenêtres uniformément espacées offrant des vues dégagées sur la rivière et les arbres environnants. Son toit en dents de scie imite le mouvement du paysage. La maison, revêtue de cèdre et de calcaire local, renforce sa connexion avec l'environnement.

La casa de 200 m², 2 dormitorios y 2½ baños sustituyó a una vivienda familiar destruida por la inundación del río Blanco en 2015. Elevada a mayor altura, la casa está bien protegida de futuras inundaciones al tiempo que permite el flujo de aire muy necesario bajo su estructura. Los grandes voladizos con tejado metálico de junta alzada expuesto y sofito de cedro protegen la casa de las tormentas de Hill Country y del sol del verano. Una puerta de carruajes central conecta la casa principal con un garaje que sirve como taller. Esta casa fue diseñada para abrazar el paisaje circundante, con ventanas espaciadas uniformemente que ofrecen vistas abiertas al río y a los árboles circundantes. Su tejado en diente de sierra imita el movimiento del paisaje. La casa, revestida de cedro y piedra caliza de origen local, refuerza su conexión con el entorno.

ZFAB STACKS

Houston Heights, Texas, United States

Increasing demand for housing ignited the development of two, 12' wide, 2-story Stack homes with a central steel parking canopy and shared outdoor courtyard. Set slightly back from a busy thoroughfare, the 850-sf homes share a typical 50'x100' lot. With 2 bedrooms and 1 bath and a 400-sf footprint, the Stack provides an affordable and responsible housing solution by maximizing function and minimizing superfluous square footage. The wood framed house utilizes smart technology and incorporates sustainable materials. With flood mitigation in mind, the elevated foundation allows for necessary ventilation and ground permeability. The Stack's unique concept engages the community through thoughtful design and scale to help build stronger and more resilient communities.

Die steigende Nachfrage nach Wohnraum löste die Entwicklung von zwei 12 Fuß breiten, zweistöckigen Stack-Häusern mit einer zentralen Parküberdachung aus Stahl und einem gemeinsamen Außenhof aus. Die 80 Quadratmeter großen Häuser liegen etwas abseits einer belebten Durchgangsstraße und teilen sich ein typisches 50 x 100 Fuß großes Grundstück. Mit 2 Schlafzimmern und 1 Bad und einer Grundfläche von 400 Quadratmetern bietet das Stack eine erschwingliche und verantwortungsvolle Wohnlösung, indem es die Funktionalität maximiert und überflüssige Quadratmeterzahl minimiert. Das Holzrahmenhaus nutzt intelligente Technologie und enthält nachhaltige Materialien. Im Hinblick auf den Hochwasserschutz sorgt das erhöhte Fundament für die notwendige Belüftung und Bodendurchlässigkeit. Das einzigartige Konzept des Stack bindet die Community durch durchdachtes Design und Skalierung ein, um zum Aufbau stärkerer und widerstandsfähigerer Communities beizutragen.

La demande croissante de logements a stimulé le développement de deux maisons Stack de 2 étages et 3,5 mètres de large, avec un auvent central en acier pour le stationnement et une cour extérieure commune. Les maisons, de 85 mètres carrés, sont légèrement éloignées d'une rue très fréquentée et partagent une parcelle typique de 15 x 30 mètres. Avec 2 chambres et 1 salle de bain et une superficie de 40 mètres carrés, la maison Stack offre une solution de logement abordable et responsable en maximisant la fonctionnalité et en minimisant les mètres carrés superflus. La maison, avec une structure en bois, utilise une technologie intelligente et intègre des matériaux durables. En tenant compte de la gestion des inondations, la fondation surélevée permet la ventilation nécessaire et la perméabilité du sol. Le concept unique de Stack implique la communauté à travers un design et une échelle réfléchis pour aider à construire des communautés plus fortes et plus résilientes.

La creciente demanda de viviendas impulsó el desarrollo de dos casas Stack de 2 plantas y 3,5 m de ancho, con una marquesina central de acero para el aparcamiento y un patio exterior compartido. Las viviendas, de 85 m^2, están ligeramente alejadas de una calle muy transitada y comparten una parcela típica de 15 x 30 m. Con 2 dormitorios y 1 baño y una superficie de 40 m^2, la casa Stack ofrece una solución de vivienda asequible y responsable al maximizar la funcionalidad y minimizar los metros cuadrados superfluos. La casa, con estructura de madera, utiliza tecnología inteligente e incorpora materiales sostenibles. Con la mitigación de las inundaciones en mente, la cimentación elevada permite la ventilación necesaria y la permeabilidad del suelo. El concepto único de Stack involucra a la comunidad a través de un diseño y una escala reflexivos para ayudar a construir comunidades más fuertes y resistentes.

BRUNO MARCANTONIO ARCHITEKTEN & MROSE BAUINGENIEURE

Bruno Marcantonio, Urs Mrose

www.brunomarcantonio.ch - www.mrose.ch

After studying at the University of Applied Sciences Aargau in Windisch and working for ten years in various architecture firms, Bruno Marcantonio founded an architectural office in Hausen AG in 2013. His work encompasses a wide range of different construction tasks, customized design approaches, and construction solutions, standing out for its versatility and flexibility. After studying at the Technical University in Brugg-Windisch and working for several years in different civil engineering firms, Urs Mrose founded a civil engineering office in Baden in 2005. The company offers construction services for both high-rise buildings and underground works, providing consulting, project planning, and construction supervision for both the public sector and private owners. Urs Mrose has extensive experience as an engineer and has a long-standing team at his disposal. Together, Bruno Marcantonio and Urs Mrose create single-family and multi-family homes, commercial buildings, and even several exclusive villas.

Nach dem Studium an der Fachhochschule Aargau in Windisch und zehnjähriger Mitarbeit in verschiedenen Architekturbüros gründete Bruno Marcantonio im Jahr 2013 ein Architekturbüro in Hausen AG. Sein Schaffen deckt ein breites Spektrum verschiedener Bauaufgaben, individuellen Gestaltungsansätzen und konstruktiven Lösungen ab und zeichnet sich durch seine Vielseitigkeit und Flexibilität aus. Nach dem Studium an der Höheren Technischen Lehranstalt in Brugg-Windisch und mehrjähriger Mitarbeit in verschiedenen Bauingenieurbüros gründete, Urs Mrose im Jahr 2005 ein Bauingenieurbüro in Baden. Die Firma bietet Dienstleistungen im Hochbau sowie Tiefbau in Form von Beratung, Projektierung und Bauleitung für die öffentliche Hand und für private Bauherren an. Urs Mrose verfügt über eine grosse Erfahrung als Ingenieur und kann auf ein langjähriges Team zurückgreifen. Gemeinsam realisieren Bruno Marcantonio und Urs Mrose Ein- und Mehrfamilienhäuser, Gewerbebauten sowie auch mehrere exklusive Villen.

Après des études à l'Université des sciences appliquées d'Aargau à Windisch et dix ans de travail dans divers cabinets d'architecture, Bruno Marcantonio a fondé un bureau d'architecture à Hausen AG en 2013. Son travail englobe une large gamme de tâches de construction différentes, des approches de conception personnalisées et des solutions de construction, se distinguant par sa polyvalence et sa flexibilité. Après des études à l'École technique supérieure de Brugg-Windisch et plusieurs années de travail dans différents cabinets d'ingénierie civile, Urs Mrose a fondé un bureau d'ingénierie civile à Baden en 2005. L'entreprise propose des services de construction pour les bâtiments en hauteur et les ouvrages souterrains, fournissant des conseils, une planification de projet et une supervision de la construction tant pour le secteur public que pour les propriétaires privés. Urs Mrose possède une vaste expérience en tant qu'ingénieur et dispose d'une équipe expérimentée. Ensemble, Bruno Marcantonio et Urs Mrose réalisent des maisons individuelles et des immeubles multifamiliaux, des bâtiments commerciaux et même plusieurs villas exclusives.

Después de estudiar en la Universidad de Ciencias Aplicadas de Aargau en Windisch y trabajar durante diez años en varios despachos de arquitectura, Bruno Marcantonio fundó una oficina de arquitectura en Hausen AG en el año 2013. Su trabajo abarca una amplia gama de tareas de construcción diferentes, enfoques de diseño personalizados y soluciones constructivas, destacándose por su versatilidad y flexibilidad. Después de estudiar en la Escuela Técnica Superior en Brugg-Windisch y trabajar durante varios años en diferentes despachos de ingeniería civil, Urs Mrose fundó una oficina de ingeniería civil en Baden en el año 2005. La empresa ofrece servicios de construcción tanto en edificios altos como en obras subterráneas, brindando consultoría, planificación de proyectos y supervisión de obras tanto para el sector público como para propietarios privados. Urs Mrose cuenta con una amplia experiencia como ingeniero y tiene un equipo de larga trayectoria a su disposición. Juntos, Bruno Marcantonio y Urs Mrose realizan casas unifamiliares y multifamiliares, edificios comerciales e incluso varias villas exclusivas.

PRIVATE HOUSE

Mutschellen, Switzerland

The renovated mansion is located in a spacious park with panoramic views of Zurich. The property is being renovated with respect for the existing building. The extension adapts to the existing structure but adds new accents with independent, elegant, and solid materials, as well as distinctive geometry. The new building combines dining areas, living spaces, and a spacious outdoor area with a grill. The redesigned spaces and elements highlight the elegance and quality of past eras and add a modern touch with large and light-filled rooms. The new natural stone facade establishes a connection between the romantic natural park and the sophisticated and elegant interior decoration. The original and new areas blend together precisely and carefully to form a harmonious whole.

Das renovierte Herrenhaus steht in einer grosszügigen Parkanlage mit Panoramasicht auf Zürich. Mit Respekt zum bestehenden Gebäude wird die Liegenschaft sanft saniert. Die Erweiterung passt sich dem Bestand an, setzt jedoch durch eigenständige, edle, starke Materialien und eigenwilliger Geometrie neue Akzente. Der Neubau vereint Essen, Wohnen und einen grosszügigen, gedeckten Aussenraum mit Grillplatz. Die neugestalteten Räume und Elemente unterstreichen die Eleganz und Hochwertigkeit alter Epochen und formen zusätzlich modernes Flair durch grosse, lichtdurchflutete Räume mit Grandezza. Die neue, in Naturstein gehaltene Fassade, bildet eine Verbindung zwischen der romantischen, naturbelassenen Parkanlage und dem edlen, hochwertigen An-Innenausbau. Die ursprünglichen und neuen Bereiche werden mit Präzision und Sorgfalt zu einem harmonischen Ganzen verschmolzen.

La maison de maître rénovée est située dans un parc spacieux avec une vue panoramique sur Zurich. La propriété est en cours de rénovation en respectant le bâtiment existant. L'extension s'adapte à la structure existante, mais ajoute de nouveaux accents avec des matériaux indépendants, élégants et solides, ainsi qu'une géométrie distinctive. Le nouveau bâtiment combine des espaces de repas, des espaces de vie et un espace extérieur spacieux avec un barbecue. Les espaces et éléments repensés mettent en valeur l'élégance et la qualité des époques passées et ajoutent une touche moderne avec des pièces vastes et lumineuses. La nouvelle façade en pierre naturelle établit un lien entre le parc naturel romantique et la décoration intérieure sophistiquée et élégante. Les zones d'origine et nouvelles se fondent avec précision et soin pour former un ensemble harmonieux.

La casa señorial renovada se encuentra en un amplio parque con vistas panorámicas a Zúrich. La propiedad está siendo renovada con respeto al edificio existente. La ampliación se adapta a la estructura existente, pero agrega nuevos acentos con materiales independientes, elegantes y sólidos, así como con una geometría distintiva. El nuevo edificio combina áreas para comer, vivir y un amplio espacio exterior cubierto con parrilla. Los espacios y elementos rediseñados resaltan la elegancia y la calidad de épocas pasadas y añaden un toque moderno con habitaciones grandes y llenas de luz. La nueva fachada de piedra natural establece una conexión entre el romántico parque natural y la sofisticada y elegante decoración interior. Las áreas originales y nuevas se fusionan con precisión y cuidado para formar un conjunto armonioso.

68

71

CAGE ATELIER & CONSTRUCTORA SAN JOSÉ, SA

Ricardo Ramos

www.cageatelier.pt

CAGE is more than an Atelier. Created in 2016, based in Coimbra and Lisbon, CAGE is a mixed of experiences with Architecture and Design being the main areas of intervention. The relation with the client is our main focus when we are producing our work. We need to know them and what are their concerns and expectations. We believe that this areas needs to leave together and can share contents and have another relations with what the world can give to us.

CAGE ist mehr als ein Atelier. CAGE wurde 2016 mit Sitz in Coimbra und Lissabon gegründet und ist eine Mischung aus Erfahrungen, wobei Architektur und Design die Hauptinterventionsbereiche sind. Bei der Erstellung unserer Arbeit steht für uns die Beziehung zum Kunden im Mittelpunkt. Wir müssen sie kennen und wissen, was ihre Sorgen und Erwartungen sind. Wir glauben, dass diese Bereiche zusammengeführt werden müssen und Inhalte teilen und eine andere Beziehung zu dem haben können, was die Welt uns geben kann.

CAGE est plus qu'un Atelier. Créée en 2016, basée à Coimbra et à Lisbonne, CAGE est un mélange d'expériences avec l'architecture et le design comme principales zones d'intervention. La relation avec le client est notre principal objectif lorsque nous produisons notre travail. Nous devons les connaître et savoir quelles sont leurs préoccupations et leurs attentes. Nous croyons que ces domaines doivent sortir ensemble et peuvent partager des contenus et avoir d'autres relations avec ce que le monde peut nous offrir.

CAGE es más que un Atelier. Creado en 2016, con sede en Coimbra y Lisboa, CAGE es una mezcla de experiencias siendo la Arquitectura y el Diseño las principales áreas de intervención. La relación con el cliente es nuestro principal foco cuando estamos produciendo nuestro trabajo. Necesitamos conocerlos y saber cuáles son sus preocupaciones y expectativas. Creemos que estas áreas necesitan salir juntas y pueden compartir contenidos y tener otras relaciones con lo que el mundo nos puede dar.

CONCRETE 11

Lisbon, Portugal

CONCRETE 11 was born from the desire to live in harmony with both the Lisbon centre and the nature that surrounds it. An urban house where one can still have the same level of connection with Nature as in a country house. The urban and landscaping integration was guaranteed through the materials used for the facades, which camouflage the house into the terrain. The sharp inclination of the land made it possible for the building to work as two overlapping layers. One that is embedded into the terrain and serves as base and another one that levitates above the first one. This latter one, represented by an element of white concrete with horizontal gaps, is where the house's more social and less intimate activities take place. The interiors were thought and designed with the objective of achieving a relaxing and cosy environment, while giving the house unique, modern, and peaceful characteristics.

CONCRETE 11 entstand aus dem Wunsch heraus, im Einklang mit dem Zentrum von Lissabon und der es umgebenden Natur zu leben. Ein Stadthaus, in dem man immer noch die gleiche Verbindung zur Natur haben kann wie in einem Landhaus. Die städtebauliche und landschaftsarchitektonische Integration wurde durch die verwendeten Fassadenmaterialien gewährleistet, die das Haus in das Gelände einpassen. Die starke Neigung des Geländes ermöglichte es, das Gebäude als zwei überlappende Schichten zu nutzen. Eines, das in das Gelände eingebettet ist und als Basis dient, und ein weiteres, das über dem ersten schwebt. Letzteres, dargestellt durch ein Element aus weißem Beton mit horizontalen Lücken, ist der Ort, an dem die eher geselligen und weniger intimen Aktivitäten des Hauses stattfinden. Die Innenräume wurden mit dem Ziel konzipiert und gestaltet, eine entspannende und gemütliche Atmosphäre zu schaffen und dem Haus gleichzeitig einzigartige, moderne und friedliche Eigenschaften zu verleihen.

CONCRETE 11 est né du désir de vivre en harmonie avec le centre de Lisbonne et avec la nature qui l'entoure. Une maison urbaine où l'on peut maintenir le même niveau de connexion avec la nature que dans une maison de campagne. L'intégration urbaine et paysagère a été garantie par les matériaux utilisés pour les façades, qui camouflent la maison dans le terrain. La forte pente du terrain a permis au bâtiment de fonctionner comme deux couches superposées. Une qui s'incruste dans le terrain et sert de base, et une autre qui plane au-dessus de la première. Cette dernière, représentée par un élément en béton blanc avec des ouvertures horizontales, est l'endroit où se déroulent les activités les plus sociales et les moins intimes de la maison. Les intérieurs ont été pensés et conçus dans le but de créer une ambiance relaxante et accueillante, tout en dotant la maison de caractéristiques modernes et paisibles uniques.

CONCRETE 11 nació del deseo de vivir en armonía tanto con el centro de Lisboa como con la Naturaleza que lo rodea. Una casa urbana en la que se puede seguir teniendo el mismo nivel de conexión con la naturaleza que en una casa de campo. La integración urbana y paisajística se garantizó a través de los materiales utilizados para las fachadas, que camuflan la casa en el terreno. La acusada inclinación del terreno hizo posible que el edificio funcionara como dos capas superpuestas. Una que se incrusta en el terreno y sirve de base y otra que levita sobre la primera. Esta última, representada por un elemento de hormigón blanco con huecos horizontales, es donde se desarrollan las actividades más sociales y menos íntimas de la casa. Los interiores fueron pensados y diseñados con el objetivo de conseguir un ambiente relajante y acogedor, a la vez que dotar a la casa de unas características únicas, modernas y tranquilas.

CORTINA & KÄLL

Francisco Cortina, Robert Käll

www.cortina.se

Cortina & Käll is a multidisciplinary architecture studio, spanning product and interior design, buildings and urban planning. Our clients can be found all over the world, from Ulricehamn and Gothenburg to the Cotswolds, Mexico City and New York. No matter the place or the project, we believe in authentic design, execution and materials. That means a personal approach, a comprehensive process and considered, long-lasting solutions, free from trends. Our dedication to timeless design is complemented by a commitment to building purposeful, productive relationships. For our spaces to be loved, their foundational values must be worthy of devotion. Everything we do is built on sustainability, economic feasibility, and liveability. The Swedish-Mexican architect duo Francisco Cortina and Robert Käll joined forces in 2013 under Cortina & Käll. They work on projects around the world, and their studio is based at Stora Torp manor in Gothenburg, Sweden.

Cortina & Käll ist ein multidisziplinäres Architekturbüro, das Produkt- und Innenarchitektur, Gebäude und Stadtplanung umfasst. Unsere Kunden sind auf der ganzen Welt zu finden, von Ulricehamn und Göteborg bis zu den Cotswolds, Mexiko-Stadt und New York. Unabhängig vom Ort oder Projekt glauben wir an authentisches Design, authentische Ausführung und Materialien. Das bedeutet eine persönliche Ansprache, einen ganzheitlichen Prozess und durchdachte, nachhaltige Lösungen, frei von Trends. Unser Engagement für zeitloses Design wird durch die Verpflichtung zum Aufbau zielgerichteter, produktiver Beziehungen ergänzt. Damit unsere Räume geliebt werden, müssen ihre Grundwerte der Hingabe würdig sein. Alles, was wir tun, basiert auf Nachhaltigkeit, wirtschaftlicher Machbarkeit und Lebensqualität. Das schwedisch-mexikanische Architektenduo Francisco Cortina und Robert Käll schloss sich 2013 unter Cortina & Käll zusammen. Sie arbeiten an Projekten auf der ganzen Welt und ihr Studio befindet sich im Herrenhaus Stora Torp in Göteborg, Schweden.

Cortina & Käll est un studio d'architecture multidisciplinaire, qui s'occupe de design de produits et d'intérieur, de bâtiments et d'urbanisme. Nos clients se trouvent dans le monde entier, d'Ulricehamn et Göteborg aux Cotswolds, en passant par Mexico et New York. Quel que soit le lieu ou le projet, nous croyons en l'authenticité de la conception, de l'exécution et des matériaux. Cela signifie une approche personnelle, un processus complet et des solutions réfléchies et durables, à l'abri des tendances. Notre attachement à un design intemporel s'accompagne d'un engagement à établir des relations fructueuses et productives. Pour que nos espaces soient aimés, leurs valeurs fondamentales doivent être dignes de dévotion. Tout ce que nous faisons est fondé sur la durabilité, la faisabilité économique et l'habitabilité. Le duo d'architectes suédois et mexicains Francisco Cortina et Robert Käll ont uni leurs forces en 2013 sous le nom de Cortina & Käll. Ils travaillent sur des projets dans le monde entier et leur studio est basé au manoir Stora Torp à Göteborg, en Suède.

Cortina & Käll es un estudio de arquitectura multidisciplinar que abarca el diseño de productos e interiores, la construcción y el urbanismo. Nuestros clientes se encuentran en todo el mundo, desde Ulricehamn y Gotemburgo hasta los Cotswolds, Ciudad de México y Nueva York. No importa el lugar ni el proyecto, creemos en el diseño, la ejecución y los materiales auténticos. Eso significa un enfoque personal, un proceso exhaustivo y soluciones meditadas y duraderas, libres de tendencias. Nuestra dedicación al diseño atemporal se complementa con el compromiso de establecer relaciones productivas y con propósito. Para que nuestros espacios sean queridos, sus valores fundamentales deben ser dignos de devoción. Todo lo que hacemos se basa en la sostenibilidad, la viabilidad económica y la habitabilidad. El dúo de arquitectos sueco-mexicano Francisco Cortina y Robert Käll unió sus fuerzas en 2013 bajo Cortina & Käll. Trabajan en proyectos de todo el mundo, y su estudio tiene su sede en la mansión Stora Torp de Gotemburgo (Suecia).

VILLA P

West Sweden

On a west-facing slope facing the lake, the orientation of the house is given. Two stone-clad walls provide a clear structure for both indoor and outdoor spaces. The broken volumes are the result of a long and meandering process, together with the client. Inspiration has been taken from pioneering modernists, such as Louis Kahn and Frank Lloyd Wright. A high level of materiality is consistent throughout: the main volumes of the house are clad in Petersen Cover, that contrasts gently both in materiality, color and pattern, from the more rigid inner- and outer walls in Spanish limestone. Inside, the floors are hand-planed oak planks from Schotten & Hansen, natural stone tiles or soft wool carpeting. The aim has been to create a house that is pleasant and practical for a busy family. A home that can age gracefully, so that it can be loved for generations.

An einem Westhang zum See hin ist die Ausrichtung des Hauses vorgegeben. Zwei mit Steinen verkleidete Wände sorgen für eine klare Struktur im Innen- und Außenbereich. Die zerbrochenen Volumen sind das Ergebnis eines langen und mäandrierenden Prozesses gemeinsam mit dem Kunden. Die Inspiration stammt von wegweisenden Modernisten wie Louis Kahn und Frank Lloyd Wright. Ein hohes Maß an Materialität ist durchgehend einheitlich: Die Hauptgebäude des Hauses sind mit Petersen Cover verkleidet, das in Materialität, Farbe und Muster einen sanften Kontrast zu den steiferen Innen- und Außenwänden aus spanischem Kalkstein bildet. Im Inneren bestehen die Böden aus handgehobelten Eichendielen von Schotten & Hansen, Natursteinfliesen oder weichen Wollteppichen. Ziel war es, ein Haus zu schaffen, das für eine vielbeschäftigte Familie angenehm und praktisch ist. Ein Zuhause, das in Würde altern kann, sodass man es über Generationen hinweg lieben kann.

Sur une pente orientée à l'ouest, face au lac, l'orientation de la maison est donnée. Deux murs revêtus de pierre offrent une structure claire pour les espaces intérieurs et extérieurs. Les volumes brisés sont le résultat d'un processus long et sinueux, mené en collaboration avec le client. L'inspiration a été puisée chez les pionniers de la modernité, tels que Louis Kahn et Frank Lloyd Wright. Un niveau élevé de matérialité est constant dans l'ensemble : les volumes principaux de la maison sont revêtus d'une couverture de Petersen, qui contraste doucement, à la fois en termes de matérialité, de couleur et de motif, avec les murs intérieurs et extérieurs plus rigides en pierre calcaire espagnole. À l'intérieur, les sols sont des planches de chêne rabotées à la main de Schotten & Hansen, des carreaux de pierre naturelle ou des moquettes en laine douce. L'objectif était de créer une maison agréable et pratique pour une famille active. Une maison qui peut vieillir gracieusement, de sorte qu'elle puisse être aimée pendant des générations.

En una ladera orientada al oeste, frente al lago, se da la orientación de la casa. Dos muros revestidos de piedra proporcionan una estructura clara para los espacios interiores y exteriores. Los volúmenes quebrados son el resultado de un largo y serpenteante proceso, junto con el cliente. La inspiración se ha tomado de modernistas pioneros, como Louis Kahn y Frank Lloyd Wright. El alto nivel de materialidad es constante: los volúmenes principales de la casa están revestidos de Petersen Cover, que contrasta suavemente tanto en materialidad como en color y dibujo con los muros interiores y exteriores, más rígidos, de piedra caliza española. En el interior, los suelos son tablones de roble cepillados a mano de Schotten & Hansen, baldosas de piedra natural o moqueta de lana suave. El objetivo ha sido crear una casa agradable y práctica para una familia ocupada. Una casa que pueda envejecer con gracia, para que pueda ser amada durante generaciones.

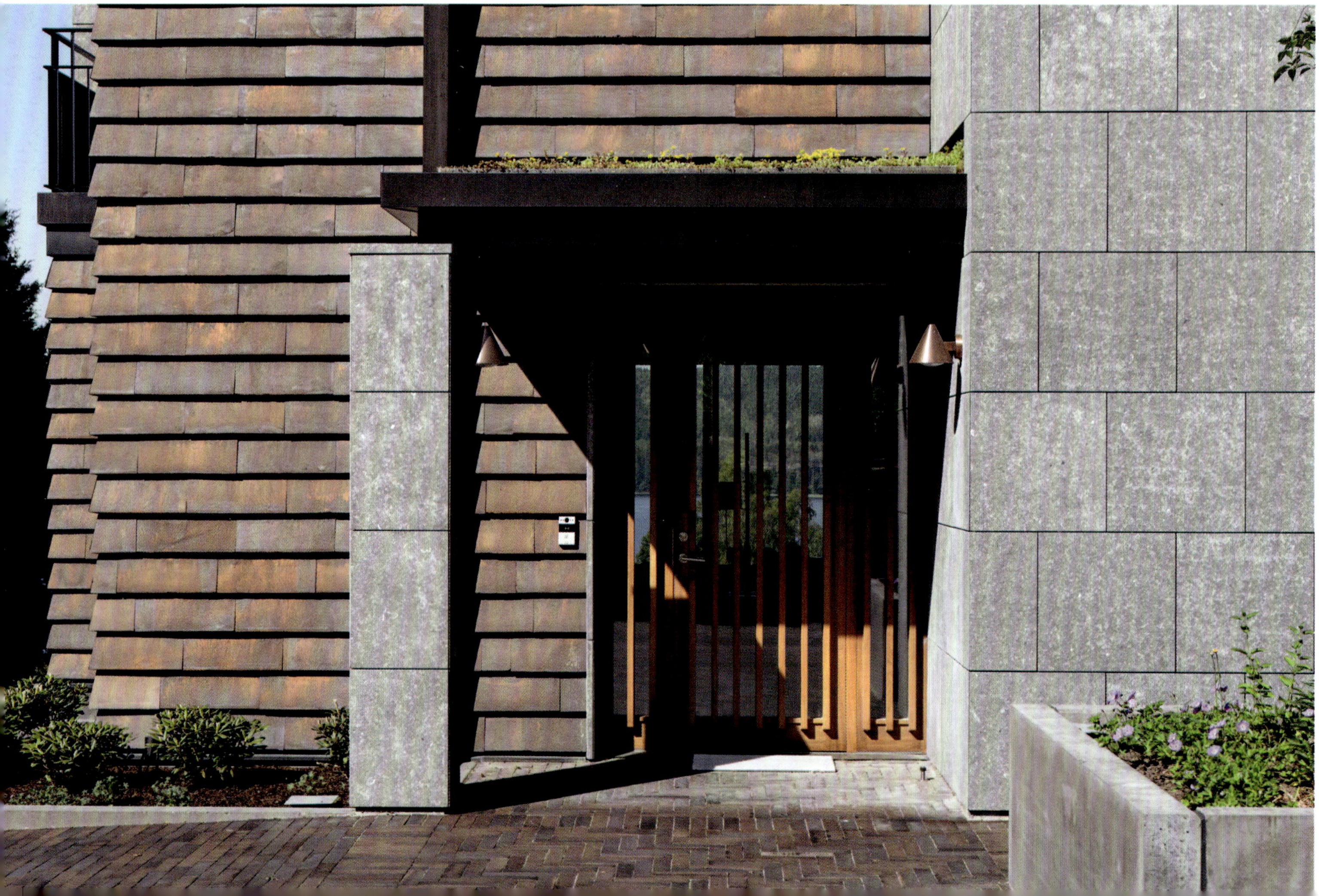

RENOVATION AND REDEVELOPMENT OF A PRIVATE HOUSE

Key Biscayne, USA

With an outstanding sea-front location, this large existing house was a relic of the 1990's when it was originally built. The brief was to bring it down to its bones and reuse the concrete structure to create something contemporary and timeless for a family of six. The main living floor was opened up creating a generous, flowing atmosphere. A new water feature with stepping stones directly ties together the main living room with the pool and the sea. The layout of the upper floor was completely re-though, creating one wing for the family's four children and one wing for the parents. The west-facing terrace towards the sea was completely re-imagined in a playful and contemporary way, breaking up the scale of the house and seamlessly integrating the indoor and outdoor living areas.

Bénéficiant d'un emplacement exceptionnel en bord de mer, cette grande maison existante était un vestige des années 1990, date de sa construction initiale. Le mandat consistait à la réduire à l'essentiel et à réutiliser la structure en béton pour créer quelque chose de contemporain et d'intemporel pour une famille de six personnes. L'étage principal a été ouvert, créant une atmosphère généreuse et fluide. Une nouvelle pièce d'eau avec des marches d'escalier relie directement le salon principal à la piscine et à la mer. L'aménagement de l'étage supérieur a été entièrement repensé, créant une aile pour les quatre enfants de la famille et une aile pour les parents. La terrasse orientée à l'ouest vers la mer a été entièrement réimaginée d'une manière ludique et contemporaine, brisant l'échelle de la maison et intégrant de manière transparente les espaces de vie intérieurs et extérieurs.

Mit seiner hervorragenden Lage direkt am Meer war dieses große bestehende Haus ein Relikt aus den 1990er Jahren, als es ursprünglich gebaut wurde. Die Aufgabe bestand darin, das Ganze auf das Wesentliche zu reduzieren und die Betonstruktur wiederzuverwenden, um etwas Zeitgemäßes und Zeitloses für eine sechsköpfige Familie zu schaffen. Die Hauptwohnebene wurde geöffnet, wodurch eine großzügige, fließende Atmosphäre entstand. Ein neues Wasserspiel mit Trittsteinen verbindet das Hauptwohnzimmer direkt mit dem Pool und dem Meer. Die Aufteilung des Obergeschosses wurde völlig neu gestaltet, sodass ein Flügel für die vier Kinder der Familie und ein Flügel für die Eltern entstanden. Die zum Meer hin ausgerichtete Westterrasse wurde auf spielerische und zeitgemäße Weise völlig neu gestaltet, wodurch die Größe des Hauses aufgebrochen und die Wohnbereiche im Innen- und Außenbereich nahtlos integriert wurden.

Con una ubicación excepcional frente al mar, esta gran casa existente era una reliquia de la década de 1990, cuando se construyó originalmente. El objetivo era reducirla a su mínima expresión y reutilizar la estructura de hormigón para crear algo contemporáneo y atemporal para una familia de seis miembros. La planta principal se abrió para crear un ambiente generoso y fluido. Una nueva fuente de agua con peldaños une directamente el salón principal con la piscina y el mar. La distribución de la planta superior se replanteó por completo, creando un ala para los cuatro hijos de la familia y otra para los padres. La terraza orientada al oeste, hacia el mar, se rediseñó por completo de forma lúdica y contemporánea, rompiendo la escala de la casa e integrando a la perfección las zonas de estar interiores y exteriores.

BAVARIAN HUNTING LODGE

Upper Bavaria, Germany

A charming and romantic Bavarian hunting lodge, built in 1961, needed a breath of fresh air. The brief was to intervene the main living room and create something inspiring. The concept was to open up the space and create a strong connection with the new outdoor teak deck, the swimming pond and the larger landscape. The floor plan was also carefully adjusted, opening up a new connection from the living room into a themed Bavarian. A small passageway was repurposed as a wine bar. The tight collaboration with Bavarian wood experts at Schotten & Hansen allowed for countless details that enhance the intervention: micro-perforated acoustic wood ceiling, concealed television that rises up from the floor, seamless radiator grilles and the beautiful shrunk floor boards all help create something very unique that exudes quality. The result is a very dramatic but respectful intervention, tightly weaving the history of the house with contemporary and timeless warmth.

Un charmant et romantique pavillon de chasse bavarois, construit en 1961, avait besoin d'une bouffée d'air frais. La mission consistait à intervenir dans le salon principal et à créer quelque chose d'inspirant. Le concept était d'ouvrir l'espace et de créer un lien fort avec la nouvelle terrasse extérieure en teck, l'étang de natation et le grand paysage. Le plan d'étage a également été soigneusement ajusté, ouvrant une nouvelle connexion entre le salon et une salle bavaroise à thème. Un petit passage a été transformé en bar à vin. L'étroite collaboration avec les experts en bois bavarois de Schotten & Hansen a permis de créer d'innombrables détails qui améliorent l'intervention : le plafond acoustique en bois micro-perforé, la télévision dissimulée qui s'élève du sol, les grilles de radiateur sans soudure et les magnifiques planches de plancher rétractées contribuent tous à créer quelque chose d'unique qui respire la qualité. Le résultat est une intervention très spectaculaire mais respectueuse, qui tisse étroitement l'histoire de la maison avec une chaleur contemporaine et intemporelle.

Ein charmantes und romantisches bayerisches Jagdschloss aus dem Jahr 1961 brauchte eine frische Brise. Die Aufgabe bestand darin, in das Hauptwohnzimmer einzugreifen und etwas Inspirierendes zu schaffen. Das Konzept bestand darin, den Raum zu öffnen und eine starke Verbindung mit dem neuen Außendeck aus Teakholz, dem Schwimmteich und der größeren Landschaft herzustellen. Auch der Grundriss wurde behutsam angepasst und eröffnete so eine neue Verbindung vom Wohnzimmer in ein thematisch bayerisches Ambiente. Ein kleiner Durchgang wurde als Weinbar umfunktioniert. Die enge Zusammenarbeit mit den bayerischen Holzexperten von Schotten & Hansen ermöglichte unzählige Details, die den Eingriff aufwerten: mikroperforierte Akustikholzdecke, verdeckter Fernseher, der aus dem Boden ragt, nahtlose Kühlergrills und die schönen geschrumpften Dielen tragen dazu bei, etwas ganz Besonderes zu schaffen einzigartig, das Qualität ausstrahlt. Das Ergebnis ist ein sehr dramatischer, aber respektvoller Eingriff, der die Geschichte des Hauses eng mit zeitgenössischer und zeitloser Wärme verbindet.

Un encantador y romántico pabellón de caza bávaro, construido en 1961, necesitaba un soplo de aire fresco. El encargo consistía en intervenir el salón principal y crear algo inspirador. El concepto era abrir el espacio y crear una fuerte conexión con la nueva cubierta exterior de teca, el estanque de natación y el paisaje más amplio. También se ajustó cuidadosamente la planta, abriendo una nueva conexión desde el salón a una bávara temática. Un pequeño pasillo se reutilizó como bar de vinos. La estrecha colaboración con los expertos bávaros en madera de Schotten & Hansen permitió crear innumerables detalles que realzan la intervención: el techo de madera acústica micro-perforada, la televisión oculta que se eleva desde el suelo, las rejillas de los radiadores sin juntas y las preciosas tablas del suelo encogidas contribuyen a crear algo muy singular que rezuma calidad. El resultado es una intervención muy dramática pero respetuosa, que entrelaza estrechamente la historia de la casa con una calidez contemporánea y atemporal.

DANIEL HUBER ARCHITEKTUR

Christian Albertin, Fabio Vetsch, Christian Roost, Daniel Huber, Marco Kohler

www.danielhuber.ch

Rooms represent identities: of individuals, companies, brands, but they also serve many other functions. We want to feel comfortable in a room, one that feels familiar and inspires us. We, the entire team at Daniel Huber Architecture GmbH, design rooms that are tailored exactly to you or your company. We develop individual space concepts, breaking with the known, questioning the familiar, and consciously seeking distance from what is typical. Our great endeavor is to meet your spatial needs exactly with an open mindset and new ideas. We attach great importance to realizing innovative and functional spatial solutions within the budget. Whether it's for stores, restaurants, hotels, commercial premises, public or private buildings, permanent or temporary. Thanks to our artisanal background, craftsmanship plays a fundamental role in our work. With our passion, design expertise, and meticulous attention to detail, we become your partner in all project phases.

Räume repräsentieren Identitäten – von Menschen, von Unternehmen, von Marken. Sie erfüllen jedoch vielfältige weitere Funktionen. In einem Raum wollen wir uns wohl fühlen, er soll uns vertraut sein, und uns inspirieren. Wir, das gesamte Team der Daniel Huber Architektur GmbH, entwerfen Räume, welche genau zu Ihnen oder zu Ihrem Unternehmen passen. Wir entwickeln individuelle Raumkonzepte und lösen uns dabei vom Bekannten, hinterfragen das Nahliegende und suchen bewusst Distanz zum Gewohnten. Es ist unser grosses Bestreben, mit offenem Geist und neuen Ideen genau Ihre Raumbedürfnisse zu erfüllen. Wir legen grossen Wert darauf, innovative und funktionierende Raumlösungen budgettreu zu realisieren. Ob Shops, Gastro-, oder Hotelkonzepte, Geschäftsräume, öffentliche, private, feste oder temporäre Bauten. Dank unserer handwerklichen Vergangenheit, spielt die Sprache des Handwerks eine grosse Rolle. Mit unserer Leidenschaft, Design-Know-how und grosser Liebe zum Detail sind wir Ihr Partner in jeder Projektphase.

Les chambres représentent des identités : celles des personnes, des entreprises, des marques. Mais elles ont aussi de nombreuses autres fonctions. Nous voulons nous sentir à l'aise dans une chambre, qu'elle nous soit familière et nous inspire. Nous, toute l'équipe de Daniel Huber Architektur GmbH, concevons des chambres qui s'adaptent exactement à vous ou à votre entreprise. Nous développons des concepts d'espaces individuels, rompant avec le connu, remettant en question le proche et cherchant consciemment la distance par rapport au familier. Notre engagement majeur est de répondre précisément à vos besoins en matière d'espace avec un esprit ouvert et de nouvelles idées. Nous accordons une grande importance à la réalisation de solutions spatiales innovantes et fonctionnelles tout en respectant le budget. Que ce soit pour des magasins, des restaurants ou des hôtels, des locaux commerciaux, des bâtiments publics ou privés, permanents ou temporaires. Grâce à notre passé artisanal, l'artisanat joue un rôle fondamental. Avec notre passion, nos compétences en conception et notre grande attention aux détails, nous devenons votre partenaire à toutes les étapes du projet.

Las habitaciones representan identidades: de personas, de empresas, de marcas. Pero también cumplen muchas otras funciones. Queremos sentirnos cómodos en una habitación, que nos resulte familiar y nos inspire. Nosotros, todo el equipo de Daniel Huber Architektur GmbH, diseñamos habitaciones que se adaptan exactamente a usted o a su empresa. Desarrollamos conceptos de espacios individuales, rompiendo con lo conocido, cuestionando lo cercano y buscando conscientemente la distancia con lo familiar. Nuestro gran empeño es satisfacer exactamente sus necesidades espaciales con una mentalidad abierta y nuevas ideas. Concedemos gran importancia a la realización de soluciones espaciales innovadoras y funcionales sin salirnos del presupuesto. Ya sea para tiendas, restaurantes u hoteles, locales comerciales, edificios públicos, privados, permanentes o temporales. Gracias a nuestro pasado artesanal, el lenguaje de la artesanía desempeña un papel fundamental. Con nuestra pasión, conocimientos de diseño y gran atención al detalle, nos convertimos en su socio en todas las fases del proyecto.

VILLA KUSENBACH

Küsnacht, Switzerland

Modern classical architecture has known how to use the exterior as a design variable for the interior of a house and encompass the intermediate space as a fluid space. The charming landscape becomes a determining factor in the building's design, with 550 m² of living space on three floors. The pronounced horizontality of the structure is the result of overlapping and clearly delineated levels that remain relatively closed to the street but open on the garden side with fully glazed fronts that extend into the surroundings through terraces and loggias. The view of Lake Zurich through such a dissolved facade becomes a divine privilege. In addition to the spacious living areas that flow into one another, an internal spa, fitness room, home cinema, and a separate dressing room are some of the amenities of a villa where the idea of modernity, as mentioned earlier, takes on its full meaning.

Die klassisch moderne Architektur hat es verstanden, das Außen als gestalterische Größe des Inneren eines Hauses zu nutzen und das Dazwischen als fließenden Raum aufzuspannen. Die berückende Landschaft wird im Entwurf für das Gebäude mit 550 Quadratmetern Wohnfläche auf drei Etagen zur Determinante. Die betonte Horizontale des Baukörpers ergibt sich aus den klar geschnittenen, übereinanderliegenden Ebenen, die zur Straße hin relativ verschlossen bleiben, sich an der Gartenseite jedoch über vollverglaste Fronten öffnen und über Terrasse und Loggia in die Umgebung wachsen. Der Blick durch diese derart aufgelöste Fassade auf den Zürichsee wird zum gottgegebenem Privileg. Neben den weitläufigen, fließend ineinander übergehenden Wohnbereichen gehören ein hauseigenes Spa, Fitnessraum, Heimkino und separate Ankleide zu den Annehmlichkeiten einer Villa, in der die Idee der eingangs zitierten Moderne gewissermaßen zu sich selbst kommt.

L'architecture moderne classique a su utiliser l'extérieur comme variable de conception de l'intérieur d'une maison et a abordé l'espace intermédiaire comme un espace fluide. Le paysage charmant devient un facteur déterminant dans la conception du bâtiment, avec 550 m² d'espace habitable sur trois étages. L'horizontalité prononcée de la structure est le résultat des niveaux superposés et clairement découpés, qui restent relativement fermés côté rue mais s'ouvrent du côté du jardin avec des façades entièrement vitrées qui se prolongent dans l'environnement à travers terrasses et loggias. La vue sur le lac de Zurich à travers une façade si transparente devient un privilège divin. En plus des vastes espaces de vie qui s'enchaînent, un spa intérieur, une salle de fitness, un home cinéma et un vestiaire indépendant font partie des commodités d'une villa où l'idée de modernité citée au début prend tout son sens.

La arquitectura clásica moderna ha sabido utilizar el exterior como variable de diseño del interior de una casa y abarcar el espacio intermedio como un espacio fluido. El encantador paisaje se convierte en un factor determinante en el diseño del edificio, con 550 m² de espacio habitable en tres plantas. La acentuada horizontalidad de la estructura es el resultado de los niveles superpuestos y claramente recortados, que permanecen relativamente cerrados a la calle, pero se abren en el lado del jardín mediante frentes totalmente acristalados que crecen hacia el entorno a través de terrazas y logias. La vista del lago de Zúrich a través de una fachada tan disuelta se convierte en un privilegio divino. Además de las amplias zonas de estar que fluyen unas con otras, un spa interno, una sala de fitness, un home cinema y un vestidor independiente son algunas de las comodidades de una villa en la que la idea de modernidad citada al principio cobra todo su sentido.

CHALET MYOSOTIS

Klosters, Switzerland

High mountain houses were originally built as places of protection. The term "chalet," which derives from the Latin word "cala," also testifies to this. A simple but robust construction that defies the forces of nature still characterizes Alpine architecture today and is also inscribed in the renovated chalet in Klosters. Only 75 m² of living space is spread over two floors. However, clever floor plans ensure a compact space program that can accommodate two bedrooms, a living and dining area, and two bathrooms without a feeling of crowding. The furnishings eschew rustic and rural decoration in favor of a contemporary-modern design. The abstract retro-illuminated cladding of the living room wall, for example, recalls the panorama of a mountain peak, while the leather wallpaper gives the bedroom an almost archaic air. And instead of framed pictures, the view from the window serves as artwork: from the sofa, you can enjoy an unobstructed postcard-perfect panoramic view of the village of Klosters and the Silvretta Mountains.

Les maisons de montagne étaient à l'origine construites comme des refuges. Le terme chalet, dérivé du mot latin « cala », en témoigne également. Une construction simple mais robuste qui résiste aux forces de la nature continue de caractériser l'architecture alpine aujourd'hui, comme c'est le cas pour le chalet rénové à Klosters. Seulement 75 m² d'espace habitable sont répartis sur deux étages. Cependant, des plans astucieux garantissent un programme spatial compact qui peut accueillir deux chambres, un salon-salle à manger et deux salles de bains sans sensation d'entassement. L'ameublement évite la décoration rustique au profit d'un design contemporain et moderne. Le revêtement mural abstrait rétroéclairé du salon, par exemple, rappelle le panorama d'un sommet de montagne, tandis que le papier peint en peau donne à la chambre une ambiance presque archaïque. Et au lieu de tableaux encadrés, la vue par la fenêtre sert d'œuvre d'art : depuis le canapé, vous pouvez profiter d'une vue panoramique imprenable sur le village de Klosters et les montagnes de Silvretta.

Häuser im Hochgebirge entstanden ursprünglich als schützende Orte. Davon zeugt auch der Begriff Chalet, der auf das lateinische Wort cala, zu deutsch: Schutz, zurückgeht. Eine schlichte, aber robuste Bauweise, die den Naturgewalten trotzt, prägt den Charakter alpiner Architektur bis heute und ist auch dem generalüberholten Chalet in Klosters eingeschrieben. Gerade einmal 75 Quadratmeter Wohnfläche verteilen sich auf zwei Etagen. Kluge Grundrisse sorgen jedoch für ein kompaktes Raumprogramm, in dem zwei Schlafzimmer, Wohn- und Essbereich sowie zwei Badezimmer Platz finden, ohne dass es eng wird. Die Einrichtung verzichtet auf volkstümliches, rustikales Dekor, sondern gibt einer zeitgemäß-modernen Gestaltung den Vorzug. So erinnert die abstrakte hinterleuchtete Wandbespannung im Wohnbereich an ein Berggipfelpanorama, während die mit Felltapete dem Schlafzimmer eine fast archaische Anmutung verleiht. Und statt gerahmter Bilder dient der Blick aus dem Fenster als Kunstwerk: Vom Sofa aus genießt man ein unverstelltes Postkarten-Panorama vom Dorf Klosters und der Silvretta-Bergwelt.

Las casas de alta montaña se construyeron originalmente como lugares de protección. El término chalet, que deriva de la palabra latina cala, también da testimonio de ello. Una construcción sencilla pero robusta que desafía las fuerzas de la naturaleza sigue caracterizando hoy en día la arquitectura alpina y también está inscrita en el chalet reformado de Klosters. Sólo 75 m² de espacio habitable se reparten en dos plantas. Sin embargo, los ingeniosos planos de planta garantizan un programa de espacio compacto que puede albergar dos dormitorios, una zona de estar y comedor y dos cuartos de baño sin sensación de hacinamiento. El mobiliario huye de la decoración rústica y campechana en favor de un diseño contemporáneo-moderno. El abstracto revestimiento retro iluminado de la pared del salón, por ejemplo, recuerda el panorama de un pico de montaña, mientras que el papel pintado de piel da al dormitorio un aire casi arcaico. Y en lugar de cuadros enmarcados, la vista por la ventana sirve como obra de arte: desde el sofá se puede disfrutar de una panorámica de postal sin obstáculos del pueblo de Klosters y las montañas de Silvretta.

CASA MAGGIA

Oberengstringen, Switzerland

The rural, wooded, and meadow environment on the right bank of the Limmat served as a pledge for the desired openness and generosity of the Maggia House. The clearly structured facade, with its light-colored exposed concrete frames and sections of dark natural Maggia stone walls, allows for insights into the internal structure. In addition to the entrance to the house, accessible from the street, and the garage, this level also houses the bike room, as well as a functionally self-sufficient area protected from the family's everyday life, with a cinema, a cigar and wine bar, and a guest restroom. A corridor leads to the ground floor, which includes the master bedroom and a bathroom, as well as the spacious living area with an adjacent kitchen. This level can be used as a barrier-free unit if necessary. The terraces surrounding the ground and upper floors are equipped with an infinity pool and a jacuzzi, essentially transforming them into a two-story spa.

Für den Entwurf des Hauses Maggia diente die ländlich geprägte, wald- und wiesenreiche Umgebung rechts der Limmat als Unterpfand der gewünschten Offenheit und Großzügigkeit des Hauses. Die klar strukturierte Fassade mit ihren hellen Sichtbetonrahmen und Wandabschnitten aus dunklem Maggia-Naturstein lässt Rückschlüsse auf die innere Gliederung zu. Neben dem von der Straße zugänglichen Hauseingang und der Garage befinden sich auf dieser Ebene auch der Fahrradraum sowie ein vom Alltagsleben der Familie abgeschirmter und funktional autarker Bereich mit hauseigener Film-Lounge nebst Zigarren- und Weinbar sowie ein Gäste-WC. Ein Korridor führt in das Erdgeschoss, das neben dem weitläufigen Wohnbereich mit angeschlossener Küche auch das Elternschlafzimmer sowie ein Badezimmer umfasst. Diese Ebene kann bei Bedarf als barrierefreie Einheit genutzt werden. Die umlaufenden Terrassenflächen in Erd- und Obergeschoss sind jeweils mit Infinity-Pool und Jacuzzi ausgestattet und verwandeln sich praktisch in ein Doppelstock-Spa.

Pour la conception de la Casa Maggia, l'environnement rural, boisé et prairial de la rive droite de la Limmat a servi de garantie à l'ouverture et à la générosité souhaitées de la maison. La façade clairement structurée, avec ses cadres de béton apparent de couleur claire et ses sections de mur en pierre Maggia naturelle foncée, permet de déduire la structure interne. Outre l'entrée de la maison, accessible depuis la rue, et le garage, ce niveau abrite également la salle des vélos, ainsi qu'un espace fonctionnellement autonome, protégé de la vie quotidienne de la famille, avec une salle de cinéma, un bar à cigares et vins et des toilettes pour les invités. Un couloir mène à l'étage inférieur, qui comprend la chambre principale et une salle de bains, ainsi qu'un vaste espace de vie avec cuisine attenante. Ce niveau peut être utilisé comme une unité sans barrières si nécessaire. Les terrasses qui entourent les étages du bas et du haut sont équipées d'une piscine à débordement et d'un jacuzzi, et se transforment pratiquement en un spa à deux niveaux.

Para el diseño de la Casa Maggia, el entorno rural, boscoso y de prados de la orilla derecha del Limmat sirvió de prenda de la deseada apertura y generosidad de la casa. La fachada claramente estructurada, con sus marcos de hormigón visto de color claro y las secciones de pared de piedra Maggia natural oscura, permite sacar conclusiones sobre la estructura interna. Además de la entrada a la casa, accesible desde la calle, y el garaje, este nivel alberga también el cuarto de las bicicletas, así como una zona funcionalmente autosuficiente, protegida de la vida cotidiana de la familia, con una sala de cine, un bar de puros y vinos y un aseo para invitados. Un pasillo conduce a la planta baja, que incluye el dormitorio principal y un cuarto de baño, además de la amplia zona de estar con cocina contigua. Este nivel puede utilizarse como unidad sin barreras si es necesario. Las terrazas que rodean las plantas baja y superior están equipadas con una piscina infinita y un jacuzzi, y prácticamente se transforman en un spa de dos pisos.

CHALET IN KLOSTERS-SERNEUS

Klosters-Serneus, Switzerland

Although a chalet in the Engadine Alps may sound luxurious, the type of construction characterized by a flat and protruding gabled roof is more typical of a rather modest house. Durable materials like wood, simple shapes, and pragmatic functionality also characterize the completely renovated holiday home in Kloster-Serneus, which combined two previously separate residential units. After the new division of the total living space of 130 m², the house now offers space for a multi-member family or group. The sociable center is a communicative living-dining room with a fireplace, characterized by its formal clarity, abundant natural light, and surprising spaciousness. The dark, thick-grain wood ceiling and wall coverings, in a way the lighthouse of Alpine architecture, blend with the precise, rectilinear details of the kitchen and custom-built furniture to create a kind of interior space-forming structure. In addition to shelves and storage space, this also creates niches and larger alcoves that, with the help of large-scale graphics, become windows to the mountains.

Bien qu'un chalet dans les Alpes de l'Engadine puisse évoquer le luxe, le type de construction caractérisé par un toit à deux versants plat et très en saillie est plutôt celui d'une maison modeste. Des matériaux durables comme le bois, des formes simples et une fonctionnalité pragmatique caractérisent également la maison de vacances de Kloster-Serneus, entièrement rénovée, pour laquelle deux unités résidentielles précédemment séparées ont été réunies. Après la nouvelle division de la surface habitable totale de 130 m², la maison offre désormais de l'espace pour une famille nombreuse ou un groupe. Le centre social est un salon-salle à manger communicatif avec cheminée, caractérisé par sa forme claire, sa lumière naturelle abondante et sa générosité surprenante. Le revêtement de plafond et de mur en bois sombre à grain épais, en quelque sorte le phare de l'architecture alpine, fusionne avec les détails précis de la cuisine et des meubles encastrés sur mesure pour créer une sorte de structure intérieure créatrice d'espace. En plus des étagères et de l'espace de rangement, cela crée également des niches et des alcôves plus grandes qui, grâce à des graphiques à grande échelle, se transforment en fenêtres sur les montagnes.

Auch wenn ein Chalet in den Prättigauer Alpen nach Luxus klingt, ist der von einem flachen, weit überstehenden Satteldach geprägte Bautypus ein eher bescheidenes Haus. Dauerhafte Materialien wie Holz, einfache Formen und pragmatische Funktionalität zeichnen auch das grundständig renovierte Feriendomizil in Klosters-Serneus aus, für das zwei vormals separate Wohneinheiten zusammengeschaltet wurden. Nach der Neuaufteilung der insgesamt 130 Quadratmeter Wohnfläche bietet das Haus nunmehr Platz für eine mehrköpfige Familie oder eine Gruppe. Den geselligen Mittelpunkt bildet ein kommunikativer Wohn- und Essbereich mit Cheminée, der sich durch formale Klarheit, reichlich Tageslicht und eine überraschende Großzügigkeit auszeichnet. Die Decken- und Wandvertäfelungen aus dunklem, stark gemasertem Holz, gewissermaßen der Lockbotenstoff alpiner Architektur, fügt sich mit den präzisen geradlinigen Details der Küche sowie der maßgeschneiderten Einbaumöbel zu einer Art raumbildenden inneren Struktur. Daraus ergeben sich neben Ablageflächen und Stauraum auch größere Nischen und Alkoven, die mithilfe großflächiger Grafiken zu Fenstern in die Berge werden.

Aunque un chalé en los Alpes de Engadina suene a lujo, el tipo de construcción caracterizado por un tejado a dos aguas plano y muy saliente es el de una casa más bien modesta. Materiales duraderos como la madera, formas sencillas y funcionalidad pragmática caracterizan también la casa de vacaciones de Kloster-Serneus, completamente renovada, para la que se unieron dos unidades residenciales anteriormente separadas. Tras la nueva división de la superficie habitable total de 130 m², la casa ofrece ahora espacio para una familia de varios miembros o un grupo. El centro sociable es un salón-comedor comunicativo con chimenea, que se caracteriza por su claridad formal, abundante luz natural y una sorprendente generosidad. El revestimiento del techo y las paredes de madera oscura de veta gruesa, en cierto modo el faro de la arquitectura alpina, se funde con los precisos detalles rectilíneos de la cocina y los muebles empotrados hechos a medida para crear una especie de estructura interior creadora de espacio. Además de estanterías y espacio de almacenamiento, esto también da lugar a nichos y alcobas más grandes que, con la ayuda de gráficos a gran escala, se convierten en ventanas a las montañas.

103

DP ARQUITECTOS

Diamantino Maia Pinho

www.dparquitectos.pt

Architecture satisfies desires and solves needs. It should combine innovation, experience and memory in the objects it creates. Belongs strictly to the human universe, giving it shelter with beauty and comfort, functionality and balance, all modeled within the sublime possibility of the dream. Always conditioned by a budget, a place and culture, in new and old programs, it has to try wise ways to build better and sustainable buildings. All this, must be dedicated to the depuration of the design and construction processes, leading to objects of greater coherence and value, seeking a desired perpetuity of form and light with the least possible maintenance over time. In essence, it is a creative gesture that qualifies the will of a client, where the fragile balance between the elementary and the complex reveals itself as the final object.

Architektur befriedigt Wünsche und löst Bedürfnisse. Es sollte Innovation, Erfahrung und Erinnerung in den von ihm geschaffenen Objekten vereinen. Gehört ausschließlich zum menschlichen Universum und bietet ihm Schutz mit Schönheit und Komfort, Funktionalität und Ausgewogenheit, die alle in der erhabenen Möglichkeit des Traums modelliert sind. Immer bedingt durch ein Budget, einen Ort und eine Kultur, muss es in neuen und alten Programmen kluge Wege gehen, um bessere und nachhaltige Gebäude zu bauen. All dies muss der Reinigung der Design- und Konstruktionsprozesse gewidmet sein, die zu Objekten mit größerer Kohärenz und größerem Wert führen und eine gewünschte Beständigkeit von Form und Licht mit möglichst geringer Wartung im Laufe der Zeit anstreben. Im Wesentlichen ist es eine kreative Geste, die den Willen eines Kunden qualifiziert, bei der sich das fragile Gleichgewicht zwischen dem Elementaren und dem Komplexen als endgültiges Objekt offenbart.

L'architecture satisfait les désirs et répond aux besoins. Elle doit combiner innovation, expérience et mémoire dans les objets qu'elle crée. Il appartient exclusivement à l'univers humain, offrant un abri avec beauté et confort, fonctionnalité et équilibre, le tout modelé sur la possibilité sublime du rêve. Toujours conditionnée par un budget, un lieu et une culture, elle doit emprunter des voies intelligentes dans des programmes nouveaux et anciens pour construire des bâtiments meilleurs et durables. Tout cela doit être consacré à l'assainissement des processus de conception et de construction qui aboutissent à des objets d'une plus grande cohérence et valeur, en recherchant une permanence souhaitée de la forme et de la lumière avec le moins d'entretien possible dans le temps. Il s'agit essentiellement d'un geste créatif qui qualifie la volonté du client, où l'équilibre fragile entre l'élémentaire et le complexe se révèle dans l'objet final.

La arquitectura satisface deseos y resuelve necesidades. Debe combinar la innovación, la experiencia y la memoria en los objetos que crea. Pertenece exclusivamente al universo humano, ofreciéndole cobijo con belleza y confort, funcionalidad y equilibrio, todo ello modelado en la sublime posibilidad del sueño. Siempre condicionada por un presupuesto, un lugar y una cultura, tiene que recorrer caminos inteligentes en programas nuevos y antiguos para construir edificios mejores y sostenibles. Todo ello debe dedicarse a sanear los procesos de diseño y construcción que dan lugar a objetos con mayor coherencia y valor, buscando una deseada permanencia de la forma y la luz con el menor mantenimiento posible en el tiempo. En esencia, se trata de un gesto creativo que califica la voluntad del cliente, donde el frágil equilibrio entre lo elemental y lo complejo se revela como objeto final.

HOUSE IN ROMEIRA

Santarém, Portugal

Access to the house is not direct and immediate from the public road, but hidden. You go around a small hill on which the house is located, passing an area of holm oaks that have been completely preserved. This creates a deliberate distance that allows for privacy while still providing a visual perception of the building. Several spaces are merged into volumes, each with its own identity and programmatic function. Defined by its distinct topological attributes inspired by the Portuguese rural landscape, the house refers to buildings known as "Montes", erected in dominant locations high above the landscape.

Der Zugang zum Haus erfolgt nicht direkt und unmittelbar von der Straße aus, sondern ist verborgen. Es umgibt einen kleinen Hügel, auf dem das Haus steht, und führt durch einen Bereich mit vollständig geschützten Steineichen. Dies schafft bewusst eine Distanz, die Privatsphäre ermöglicht, ohne das Gebäude visuell aus den Augen zu verlieren. Verschiedene Räume verschmelzen zu Volumina, von denen jedes seine eigene Identität und programmatische Funktion hat. Definiert durch seine charakteristischen topologischen Merkmale, inspiriert von der ländlichen portugiesischen Landschaft, erinnert das Haus an Gebäude, die als „Montes" bekannt sind und an dominierenden Orten auf den Höhen der Landschaft errichtet wurden.

L'accès à la maison n'est pas direct et immédiat depuis la voie publique, mais il est caché. On contourne une petite colline sur laquelle se trouve la maison, en passant par une zone de chênes complètement protégés. Cela crée une distance délibérée qui permet l'intimité tout en percevant visuellement le bâtiment. Plusieurs espaces se fondent en volumes, chacun ayant sa propre identité et sa propre fonction programmatique. Définie par ses attributs topologiques distinctifs inspirés du paysage rural portugais, la maison fait référence aux bâtiments connus sous le nom de « Montes », érigés sur des sites dominants en haut du paysage.

El acceso a la casa no es directo e inmediato desde la vía pública, sino escondido. Se rodea una pequeña colina en la que se encuentra la casa, pasando por una zona de encinas totalmente protegidas. Se crea así una distancia deliberada que permite la intimidad sin dejar de percibir visualmente el edificio. Varios espacios se funden en volúmenes, cada uno con su propia identidad y función programática. Definida por sus distintivos atributos topológicos inspirados en el paisaje rural portugués, la casa hace referencia a los edificios conocidos como «Montes», erigidos en lugares dominantes en lo alto del paisaje.

FREESE ARCHITECTURE

Brian L. Freese

www.freesearchitecture.com

Freese Architecture is an award-winning firm known for designing striking buildings and homes that are both modern and appropriate to Oklahoma and the Midwest. The firm has projects spanning the state, as well as in Texas, Missouri, South Carolina, and North Carolina. Freese Architecture's design principles are rooted in what Principal Brian L. Freese, AIA, calls *Midwest Modern* – using elemental, natural materials to create a modern vocabulary that reflects and responds to the local climate, geography, history, and culture. The firm's architecture, meticulously detailed, has a visceral connection to nature with expansive views to their surroundings, interiors flooded with light, and landscapes that seem to embrace the structures. The firm has been widely featured in publications including *AD*, *Dwell Magazine*, *Western Art & Architecture*, *Design Bureau*, *Oklahoma Magazine*, and *World of Homes*, and books including *HIGH ON LIVING - Dream Houses*, *On the Porch*, James Crisp and Sandra L. Mahoney, and *Tomorrow's Historic Homes of Tulsa*, John Brooks Walton.

Freese Architecture ist ein preisgekröntes Unternehmen, das dafür bekannt ist, markante Gebäude und Häuser zu entwerfen, die sowohl modern als auch für Oklahoma und den Mittleren Westen geeignet sind. Das Unternehmen hat Projekte im gesamten Bundesstaat sowie in Texas, Missouri, South Carolina und North Carolina. Die Designprinzipien von Freese Architecture wurzeln in dem, was Principal Brian L. Freese, AIA, Midwest Modern nennt – die Verwendung elementarer, natürlicher Materialien, um ein modernes Vokabular zu schaffen, das das lokale Klima, die Geografie, die Geschichte und die Kultur widerspiegelt und darauf reagiert. Die akribisch detaillierte Architektur des Unternehmens hat eine tiefe Verbindung zur Natur mit weiten Ausblicken auf die Umgebung, lichtdurchfluteten Innenräumen und Landschaften, die die Strukturen zu umarmen scheinen. Das Unternehmen wurde in Publikationen wie *AD*, *Dwell Magazine*, *Western Art & Architecture*, *Design Bureau*, *Oklahoma Magazine* und *World of Homes* sowie in Büchern wie *HIGH ON LIVING - Dream Houses*, *On the Porch*, James Crisp und Sandra L. Mahoney und *Tomorrow's Historic Homes of Tulsa*, John Brooks Walton, ausführlich vorgestellt.

Freese Architecture est un cabinet primé, connu pour la conception de bâtiments et de maisons modernes et distinctifs, adaptés à l'Oklahoma et au Midwest américain. Le cabinet a des projets dans tout l'État, ainsi qu'au Texas, au Missouri, en Caroline du Sud et en Caroline du Nord. Les principes de conception de Freese Architecture sont basés sur ce que le directeur Brian L. Freese, AIA, appelle le « Midwest Modern » : l'utilisation de matériaux naturels élémentaires pour créer un vocabulaire moderne qui reflète et répond au climat, à la géographie, à l'histoire et à la culture locaux. L'architecture méticuleusement détaillée du cabinet est profondément liée à la nature, avec des vues imprenables sur les environs, des intérieurs lumineux et des paysages qui semblent embrasser les structures. Le cabinet a été largement présenté dans des médias tels que *AD*, *Dwell Magazine*, *Western Art & Architecture*, *Design Bureau*, *Oklahoma Magazine* et *World of Homes*, ainsi que dans des livres tels que *HIGH ON LIVING - Dream Houses*, *On the Porch*, James Crisp et Sandra L. Mahoney et *Tomorrow's Historic Homes of Tulsa*, John Brooks Walton.

Freese Architecture es una empresa galardonada, conocida por el diseño de edificios y viviendas distintivos, modernos y apropiados para Oklahoma y el Medio Oeste Americano. La empresa tiene proyectos en todo el estado, así como en Texas, Missouri, Carolina del Sur y Carolina del Norte. Los principios de diseño de Freese Architecture se basan en lo que el director Brian L. Freese, AIA, denomina «Midwest Modern»: el uso de materiales naturales elementales para crear un vocabulario moderno que refleje y responda al clima, la geografía, la historia y la cultura locales. La arquitectura detallada de la firma tiene una profunda conexión con la naturaleza, con amplias vistas de los alrededores, interiores llenos de luz y paisajes que parecen abrazar las estructuras. La empresa ha sido ampliamente publicada en medios como *AD*, *Dwell Magazine*, *Western Art & Architecture*, *Design Bureau*, *Oklahoma Magazine* y *World of Homes*, así como en libros como *HIGH ON LIVING - Dream Houses*, *On the Porch*, James Crisp y Sandra L. Mahoney y *Tomorrow's Historic Homes of Tulsa*, John Brooks Walton.

VICTOR

Tulsa, Oklahoma, United States

The client of this home requested a private modern oasis compatible with the neighborhood of 1920's and 30's large estates. Composed of white stucco blocks with dark metal panel projections, the home's expansive organization and proportions are cohesive with the neighboring large houses. The home is organized around a private central courtyard with a pool and spa. Flat-roofed canopies offer shade and protection in needed areas. An open-air pavilion gives partial enclosure to the pool court. Multiple covered outdoor spaces create various options for outdoor living. The home is pulled apart at junctures between main spaces and linked with glass-walled connections, creating pocket courtyards for moments of visual delight. The interiors are bathed with natural light through strategically placed windows, clerestories, and skylights. Extruded plate steel window surrounds frame unexpected views outward. The interior materials and color palette are consistently lean throughout. Raw concrete elements delineate spaces in key areas.

Der Kunde dieses Hauses wünschte sich eine private moderne Oase, die mit der Nachbarschaft der großen Anwesen der 1920er und 30er Jahre kompatibel ist. Bestehend aus weißen Stuckblöcken mit Vorsprüngen aus dunklen Metallplatten, sind die weitläufige Organisation und die Proportionen des Hauses mit den benachbarten großen Häusern verbunden. Das Haus ist um einen privaten zentralen Innenhof mit Pool und Spa herum organisiert. Flachdächer bieten Schatten und Schutz an den benötigten Stellen. Ein Open-Air-Pavillon umschließt den Poolhof teilweise. Mehrere überdachte Außenbereiche schaffen vielfältige Möglichkeiten für das Leben im Freien. Das Haus wird an Verbindungsstellen zwischen den Haupträumen auseinandergezogen und mit Glaswänden verbunden, wodurch Taschenhöfe für Momente des visuellen Vergnügens entstehen. Die Innenräume werden durch strategisch platzierte Fenster und Oberlichter in natürliches Licht getaucht. Fenstereinfassungen aus extrudiertem Stahlblech rahmen unerwartete Ausblicke nach außen ein. Die Materialien und die Farbpalette des Innenraums sind durchgehend schlank gehalten.

Le client de cette maison voulait une oasis privée et moderne compatible avec le quartier des grands domaines des années 1920 et 1930. Formée de blocs de stuc blanc avec des surplombs en panneaux métalliques foncés, l'organisation et les proportions expansives de la maison se rapportent aux grandes maisons voisines. La maison est organisée autour d'une cour centrale privée avec piscine et spa. Les toits plats fournissent de l'ombre et un abri là où c'est nécessaire. Un pavillon en plein air entoure partiellement la cour de la piscine. Plusieurs espaces extérieurs couverts offrent de multiples possibilités de vie en plein air. La maison se sépare aux intersections entre les espaces principaux et se connecte avec des murs en verre, créant de petites cours pour des moments de plaisir visuel. Les intérieurs sont baignés de lumière naturelle grâce à des fenêtres et des puits de lumière stratégiquement placés. Des cadres de fenêtres en acier extrudé encadrent des vues inattendues sur l'extérieur. Les matériaux intérieurs et la palette de couleurs restent élégants.

El cliente de esta casa quería un oasis privado y moderno compatible con el barrio de las grandes fincas de los años 20 y 30. Formada por bloques de estuco blanco con salientes de paneles metálicos oscuros, la organización expansiva y las proporciones de la casa guardan relación con las grandes casas vecinas. La casa se organiza en torno a un patio central privado con piscina y spa. Los tejados planos proporcionan sombra y refugio donde se necesita. Un pabellón al aire libre encierra parcialmente el patio de la piscina. Varias zonas exteriores cubiertas crean múltiples oportunidades para la vida al aire libre. La casa se separa en los cruces entre los espacios principales y se conecta con paredes de cristal, creando pequeños patios para momentos de placer visual. Los interiores están bañados de luz natural a través de ventanas y claraboyas estratégicamente situadas. Los marcos de las ventanas de acero extruido enmarcan vistas inesperadas al exterior. Los materiales y la paleta de colores del interior se mantienen elegantes en todo momento.

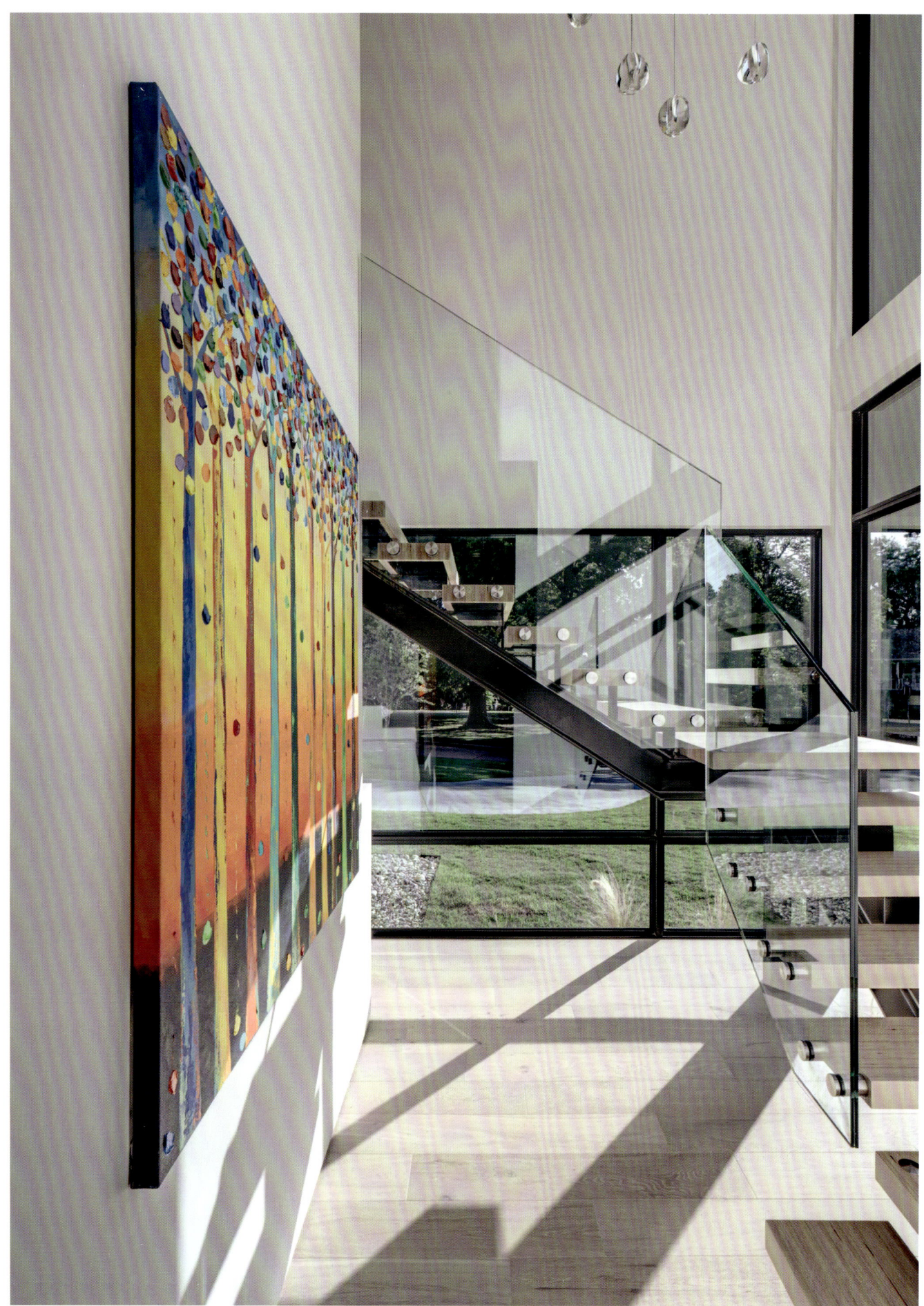

119

PRAIRIE PAVILIONS

Oklahoma, United States

The owners of this home desired that it facilitates large group entertaining with a resort-like ambiance, yet have an intimate, personal feel for comfortable, casual living and a strong visual connection to the surrounding natural landscape. The residence is composed of a series of pyramidal roofed pavilions arranged in a staggered fashion. The saw-toothed arrangement surrounds a large pool and sunning areas and allows the pavilion corners to be opened up with butt-jointed glass to direct views towards an adjacent heavily forested border of land and rolling hills beyond. The exterior materials of smooth stucco, clear cedar siding, board-formed concrete, and an exposed timber structure with articulated steel connections lend a refined yet hand hewn appearance. Abundant covered outdoor spaces under the pavilion roofs enhance the resort-like ambiance. Expansive glass walls bathe the interiors with natural light, and a simple interior palette unifies the rooms and spaces throughout the home.

Les propriétaires de cette maison souhaitaient qu'elle facilite les réceptions de grands groupes avec une ambiance de type station balnéaire, tout en offrant une atmosphère intime et personnelle pour une vie confortable et décontractée, ainsi qu'une forte connexion visuelle avec le paysage naturel environnant. La résidence est composée d'une série de pavillons à toit pyramidal disposés de manière échelonnée. L'agencement en forme de dents de scie entoure une grande piscine et des espaces de bronzage et permet d'ouvrir les coins des pavillons avec du verre à joint bout à bout pour diriger la vue vers une bande de terrain fortement boisé adjacent et des collines vallonnées au-delà. Les matériaux extérieurs en enduit lisse, en bardage de cèdre clair, en béton coffré et en une structure en bois apparente avec des connexions en acier articulé confèrent une apparence raffinée mais rustique. Les espaces extérieurs couverts abondants sous les toits des pavillons renforcent l'ambiance de type station balnéaire. Les murs en verre expansifs inondent l'intérieur de lumière naturelle, et une palette intérieure simple unifie les pièces et les espaces dans toute la maison.

Die Eigentümer dieses Hauses wünschten sich, dass es die Unterhaltung großer Gruppen mit einem Resort-ähnlichen Ambiente ermöglicht, aber dennoch ein intimes, persönliches Gefühl für komfortables, ungezwungenes Wohnen und eine starke visuelle Verbindung zur umliegenden Naturlandschaft vermittelt. Die Residenz besteht aus einer Reihe von Pavillons mit Pyramidendach, die versetzt angeordnet sind. Die sägezahnförmige Anordnung umgibt einen großen Pool und Liegeflächen und ermöglicht die Öffnung der Pavillonecken mit stumpf zusammengefügtem Glas, um den Blick auf eine angrenzende, stark bewaldete Landgrenze und dahinter liegende sanfte Hügel zu lenken. Die Außenmaterialien aus glattem Stuck, transparenten Zedernholzverkleidungen, Plattenbeton und einer freiliegenden Holzkonstruktion mit gelenkigen Stahlverbindungen verleihen dem Gebäude ein raffiniertes und doch handgehauenes Erscheinungsbild. Reichlich überdachte Außenbereiche unter den Pavillondächern verstärken das Resort-ähnliche Ambiente. Großzügige Glaswände durchfluten die Innenräume mit natürlichem Licht und eine schlichte Innenpalette vereinheitlicht die Räume im gesamten Haus.

Los propietarios de esta casa deseaban que facilitara el entretenimiento de grandes grupos con un ambiente de complejo turístico, pero que tuviera un aire íntimo y personal para una vida cómoda e informal y una fuerte conexión visual con el paisaje natural circundante. La residencia se compone de una serie de pabellones con tejados piramidales dispuestos de forma escalonada. La disposición en forma de diente de sierra rodea una gran piscina y zonas de solárium y permite abrir las esquinas de los pabellones con cristales a tope para dirigir las vistas hacia un límite de terreno adyacente densamente arbolado y colinas ondulantes más allá. Los materiales exteriores de estuco liso, revestimiento de cedro claro, hormigón encofrado y una estructura de madera vista con conexiones articuladas de acero confieren un aspecto refinado pero labrado a mano. Los abundantes espacios exteriores cubiertos bajo los tejados de los pabellones realzan el ambiente de complejo turístico. Las amplias paredes de cristal bañan los interiores con luz natural, y una paleta interior sencilla unifica las habitaciones y los espacios de toda la casa.

LAKESIDE

Tulsa, Oklahoma, United States

The original structure was an unassuming 1960's Ranch house with a beautiful neighborhood lake in its backyard. The new owners requested their remodeled home to be updated with a design respectful of the neighboring like-scaled homes and with a meaningful relationship to the lake. The expanded home extends outward in all directions, anchored with four flat-roofed corner elements. Exterior materials include a tan king-sized brick referencing the original crab orchard stone, exposed concrete, and galvalume metal panel roofs and walls. Expansive glass opens the home to the exterior, wrapping corners at critical views. A floating ridge beam extends through the home's new primary axis from the covered entry to the generous rear patio. The restrained interior palette maximizes the expansive feeling inside. Natural light imbues the interiors of large-scale tile floors, white walls, natural woods, and steel details. The exterior brick is threaded inside for continuity and demarcation of spaces.

Die ursprüngliche Struktur war ein bescheidenes Ranchhaus aus den 1960er Jahren mit einem wunderschönen See in der Nachbarschaft im Hinterhof. Die neuen Eigentümer baten darum, ihr umgebautes Haus mit einem Design zu aktualisieren, das die benachbarten Häuser in gleicher Größe respektiert und eine sinnvolle Beziehung zum See aufweist. Das erweiterte Haus erstreckt sich in alle Richtungen nach außen, verankert mit vier flachgedeckten Eckelementen. Zu den Außenmaterialien gehören ein hellbrauner King-Size-Ziegel, der auf den ursprünglichen Krabbengartenstein verweist, Sichtbeton, Dächer und Wände sind aus Galvalume-Metallplatten. Expansives Glas öffnet das Haus nach außen und umhüllt Ecken bei kritischen Ausblicken. Ein schwebender Firstbalken erstreckt sich durch die neue Hauptachse des Hauses vom überdachten Eingang bis zur großzügigen hinteren Terrasse. Die zurückhaltende Innenpalette maximiert das expansive Gefühl im Inneren. Natürliches Licht durchdringt die Innenräume mit großflächigen Fliesenböden, weißen Wänden, Naturhölzern und Stahldetails. Der Außenziegel ist innen eingefädelt, um Kontinuität und Abgrenzung von Räumen zu gewährleisten.

La structure d'origine était un modeste ranch des années 1960 avec un petit lac à l'arrière. Les nouveaux propriétaires ont demandé à mettre à jour leur maison rénovée avec un design qui respecte les maisons voisines de taille égale et qui a une relation significative avec le lac. La maison agrandie s'étend vers l'extérieur dans toutes les directions, ancrée par quatre unités d'angle à toit plat. Les matériaux extérieurs comprennent une brique brun clair qui fait référence à la pierre d'origine du jardin en béton apparent, et les toits et les murs sont des panneaux métalliques Galvalume. De nombreux vitrages ouvrent la maison sur l'extérieur et s'enroulent autour des angles pour offrir des vues supplémentaires. Une poutre flottante enjambe le nouvel axe principal de la maison, de l'entrée couverte à la généreuse terrasse arrière. La palette intérieure sobre optimise l'impression d'espace. La lumière naturelle imprègne les intérieurs avec des sols en carrelage large, des murs blancs, des bois naturels et des détails en acier. Les briques extérieures sont enfilées à l'intérieur pour assurer la continuité et délimiter les espaces.

La estructura original era una modesta casa-rancho de los años 60 con un pequeño lago en la parte trasera. Los nuevos propietarios pidieron actualizar su casa remodelada con un diseño que respetara las casas vecinas de igual tamaño y tuviera una relación significativa con el lago. La casa ampliada se extiende hacia el exterior en todas las direcciones, anclada por cuatro unidades esquineras con techo plano. Los materiales exteriores incluyen un ladrillo de color marrón claro que hace referencia a la piedra original del jardín de hormigón visto, y los tejados y paredes son paneles metálicos Galvalume. El amplio acristalamiento abre la casa al exterior y envuelve las esquinas para obtener más vistas. Una viga flotante se extiende por el nuevo eje principal de la casa desde la entrada cubierta hasta la generosa terraza trasera. La sobria paleta interior maximiza la sensación de amplitud. La luz natural impregna los interiores con amplios suelos de baldosas, paredes blancas, maderas naturales y detalles de acero. El ladrillo exterior se enhebra en el interior para dar continuidad y delimitar los espacios.

GO INTERIORS

Nicole Gottschall

www.go-interiors.ch

For us, personal happiness means making other people happier through our work and creativity. It is a privilege to be able to live our vocation as a profession. With dedication and a love for beauty, we can tailor each and every one of our projects to the needs of the residents and plan and execute them with love down to the last detail. At the core of our work is the overall vision of a space, always in connection with the people it is intended for. We ensure that sensuality, harmony, and tactile experiences create unique moments of well-being. To achieve this, we compose light and space, materials, colors, and shapes, details and transitions into a comprehensive image that allows for lasting positive experiences. The love in space is also reflected in its occupants.

Persönliches Glück bedeutet für uns, andere Menschen durch unser Wirken und unsere Kreativität glücklicher zu machen. Es ist ein Privileg, unsere Berufung als Beruf leben zu dürfen. Mit Hingabe und Freude am Schönen dürfen wir jedes einzelne unserer Projekte auf die Bedürfnisse der Bewohner abstimmen und mit Liebe bis ins letzte Detail planen und umsetzen. Dabei steht im Zentrum unseres Schaffens die ganzheitliche Betrachtung eines Raumes, immer in Verbindung mit den Menschen, für die sie gedacht sind. Wir sorgen dafür, dass Sinnlichkeit, Harmonie und haptische Erlebnisse einzigartige Wohlfühlmomente entstehen lassen. Dafür komponieren wir Licht und Raum, Materialien, Farben und Formen, Details und Übergänge zu einem Gesamtbild, welches nachhaltig positive Raumerlebnisse ermöglicht und die Liebe im Raum auch auf dessen Bewohner zurückfällt.

Pour nous, le bonheur personnel signifie rendre les autres plus heureux grâce à notre travail et à notre créativité. C'est un privilège de vivre notre vocation en tant que profession. Avec dévouement et amour de la beauté, nous pouvons adapter chacun de nos projets aux besoins des résidents et les planifier et les exécuter avec amour du détail. Au centre de notre travail se trouve une vision d'ensemble de l'espace, toujours en relation avec les personnes à qui il est destiné. Nous veillons à ce que la sensualité, l'harmonie et les expériences tactiles créent des moments de bien-être uniques. Pour y parvenir, nous composons la lumière et l'espace, les matériaux, les couleurs et les formes, les détails et les transitions dans une image d'ensemble qui permet des expériences positives durables. L'amour de l'espace se reflète également dans ses occupants.

Para nosotros, la felicidad personal significa hacer más felices a otras personas a través de nuestro trabajo y nuestro trabajo y creatividad. Es un privilegio poder vivir nuestra vocación como profesión. Con dedicación y amor por la belleza, podemos adaptar todos y cada uno de nuestros proyectos a las necesidades de los residentes y planificarlos y ejecutarlos con amor hasta el último detalle. En el centro de nuestro trabajo está la visión general de un espacio, siempre en conexión con las personas a las que va destinado. Nos aseguramos de que la sensualidad, la armonía y las experiencias táctiles creen momentos únicos de bienestar. Para lograrlo, componemos la luz y el espacio, los materiales, los colores y las formas, los detalles y las transiciones en una imagen de conjunto que permite experiencias positivas duraderas. El amor por el espacio se refleja también en sus ocupantes.

DUPLEX APARTMENT

Valais Alps, Switzerland

A home connected to a place and filled with the love of family and friends. With this goal in mind, we had the pleasure of renovating an existing duplex apartment and adding a complete additional floor. An interior staircase connects the two upper floors with the new lower floor, which was completely gutted and rebuilt. Our basic requirement was to smoothly connect the existing substance with the new floor, following the existing red thread. Residents should feel that the additional floor wasn't added later but "seemed" like it had always been there. In addition to the upper levels for sleeping and living, a wellness area was to be created on the new floor, complete with a sauna, steam bath, foot pool, and a relaxation area. We also added a fitness room, a massage room, a wine cellar, a guest room with an ensuite bathroom, and a catering kitchen to the floor. With carefully selected materials that create a connection with the beautiful nature of the Valais mountains, we created spaces full of positive energy and strength.

Ein Zuhause, verbunden mit einem Ort und erfüllt mit der Liebe von Familie und Freunden. Mit diesem Ziel durften wir eine bereits bestehende doppelstöckige Wohnung renovieren und um ein komplettes, zusätzliches Stockwerk ergänzen. Ein interner Treppenaufgang verbindet die oberen beiden Geschosse mit dem neuen, darunterliegenden Geschoss, welches komplett ausgehöhlt und umgebaut wurde. Grundlegende Voraussetzung für uns war, die bestehende Substanz fliessend mit dem neuen Geschoss zu verbinden und somit dem vorhandenen roten Faden zu folgen. Den Bewohnern sollte das Gefühl gegeben werden, dass das zusätzliche Geschoss nicht nachträglich zugefügt wurde, sondern „gefühlt" schon immer da war. Im neuen Geschoss sollte ergänzend zu den oberen Schlaf- und Wohnebenen ein Wellnessbereich mit Sauna, Dampfbad, Eisbrunnen und einer Ruhezone entstehen. Ebenfalls wurde das Geschoss um einen Fitnessraum, einen Massageraum, einen Weinkeller, ein Gästezimmer mit Ensuite-Bad und eine Cateringküche erweitert. Mit sorgfältig ausgewählten Materialien, welche den Bezug zu der wunderschönen Natur der Walliser Bergwelt schaffen, entstanden Räume voller positiver Energie und Kraft.

Une maison reliée à un endroit et remplie de l'amour de la famille et des amis. Dans cette optique, nous avons eu le plaisir de rénover un duplex existant et d'ajouter un étage supplémentaire complet. Un escalier intérieur relie les deux étages supérieurs au nouveau rez-de-chaussée, qui a été entièrement vidé et reconstruit. Notre exigence de base était de relier harmonieusement la structure existante avec le nouvel étage et de suivre ainsi le fil rouge existant. Les résidents devaient avoir l'impression que l'étage supplémentaire n'avait pas été ajouté par la suite, mais qu'il avait toujours été là. En plus des niveaux supérieurs pour le sommeil et la vie, une zone de bien-être avec sauna, bain de vapeur, piscine pour les pieds et une zone de relaxation a été créée au nouveau niveau. La planification comprend également une salle de sport, une salle de massages, une cave à vin, une chambre d'amis avec salle de bains attenante et une cuisine de traiteur. Avec des matériaux soigneusement choisis, créant un lien avec la belle nature des montagnes du Valais, des espaces chargés d'énergie positive et de force ont été créés.

Un hogar conectado a un lugar y lleno del amor de la familia y los amigos. Con este objetivo en mente, tuvimos el placer de renovar un piso dúplex existente y añadir una planta adicional completa. Una escalera interior conecta los dos pisos superiores con el nuevo piso de abajo, que fue completamente vaciado y reconstruido. El requisito básico para nosotros era conectar suavemente la sustancia con el nuevo piso y seguir así el hilo rojo existente. Los residentes debían tener la sensación de que la planta adicional no se había añadido después, sino que «parecía» que siempre había estado ahí. Además de los niveles superiores para dormir y vivir, en la nueva planta debía crearse una zona de bienestar con sauna, baño de vapor, piscina para pies y una zona de relajación. También se añadieron a la planta una sala de fitness, una sala de masajes, una bodega, una habitación de invitados con baño en suite y una cocina de catering. Con materiales cuidadosamente seleccionados, que crean una conexión con la hermosa naturaleza de las montañas del Valais, se crearon estancias llenas de energía positiva y fuerza.

GRAMS.GRAMS ARCHITEKTUR

Alexander Grams, Viktor Grams

www.grams-grams.de

We are a dedicated team that develops innovative and environmentally friendly solutions for our customers. Our focus is on sustainability, using energy efficiency, renewable resources and ecological materials. Through minimalism, we reduce our design to the essentials and create timeless and functional spaces. Each project is unique and requires a bespoke solution, which we develop in close collaboration with our clients. Quality and craftsmanship are our top priorities, be it in the choice of materials or the execution of the building projects. Our goal is to create architecture that is aesthetically impressive, functional, durable and of outstanding quality.

Wir sind ein engagiertes Team, das innovative und umweltfreundliche Lösungen für unsere Kunden entwickelt. Unser Fokus liegt auf Nachhaltigkeit, wobei wir Energieeffizienz, erneuerbare Ressourcen und ökologische Materialien nutzen. Durch Minimalismus reduzieren wir unser Design auf das Wesentliche und schaffen zeitlose und funktionale Räume. Jedes Projekt ist einzigartig und erfordert eine maßgeschneiderte Lösung, die wir in enger Zusammenarbeit mit unseren Kunden entwickeln. Qualität und Handwerkskunst stehen bei uns an erster Stelle, sei es bei der Materialauswahl oder der Ausführung der Bauprojekte. Unser Ziel ist es, Architektur zu schaffen, die ästhetisch beeindruckend, funktional, langlebig und von herausragender Qualität ist.

Nous sommes une équipe engagée qui développe des solutions innovantes et respectueuses de l'environnement pour nos clients. Nous nous concentrons sur la durabilité, en utilisant l'efficacité énergétique, les ressources renouvelables et les matériaux écologiques. Grâce au minimalisme, nous réduisons notre design à l'essentiel et créons des espaces intemporels et fonctionnels. Chaque projet est unique et nécessite une solution sur mesure que nous développons en étroite collaboration avec nos clients. Nous accordons la priorité à la qualité et à l'artisanat, qu'il s'agisse du choix des matériaux ou de l'exécution des projets de construction. Notre objectif est de créer une architecture qui soit esthétiquement impressionnante, fonctionnelle, durable et d'une qualité exceptionnelle.

Somos un equipo que desarrolla soluciones innovadoras y respetuosas con el medio ambiente para nuestros clientes. Nos centramos en la sostenibilidad, utilizando la eficiencia energética, los recursos renovables y los materiales ecológicos. A través del minimalismo, reducimos nuestro diseño a lo esencial y creamos espacios atemporales y funcionales. Cada proyecto es único y requiere una solución a medida, que desarrollamos en estrecha colaboración con nuestros clientes. La calidad y la artesanía son nuestras máximas prioridades, ya sea en la elección de los materiales o en la ejecución de los proyectos de construcción. Nuestro objetivo es crear una arquitectura estéticamente impresionante, funcional, duradera y de calidad excepcional.

HOUSE VV

Wörth am Main, Germany

The minimalist, resource-saving house for a family of four impresses with its natural larch façade. The small overhangs of the roof cladding allow the wooden façade to turn grey. The façade is ventilated and screwed concealed. The floor slab of exposed concrete serves as a concrete core-activated foundation slab. A geothermal heat pump is used to heat the house, while a central ventilation system with heat recovery ensures a pleasant indoor climate. In addition, a photovoltaic system was installed to support the house's energy supply. With a modern and functional interior design, the house complements its resource-saving features. The use of wood, stone and other natural materials gives the rooms a warm and inviting atmosphere. The furniture and furnishings are carefully selected to enhance the minimalist style of the house while providing comfort and functionality. Clean lines and simple design create a harmonious balance between aesthetics and practicality. The deliberate use of natural finishes creates a connection with the surroundings and a relaxing living atmosphere.

Das minimalistische, ressourcenschonende Haus für eine vierköpfige Familie überzeugt durch seine Naturbelassene Lärchenfassade. Die geringen Überstände der Dachhaut ermöglichen das Vergrauen der Holzfassade. Die Fassade ist hinterlüftet und verdeckt geschraubt. Die Bodenplatte aus Sichtbeton dient als betonkernaktivierte Fundamentplatte. Zur Beheizung des Hauses wird eine Erdwärmepumpe genutzt, während eine zentrale Lüftungsanlage mit Wärmerückgewinnung für ein angenehmes Raumklima sorgt. Zusätzlich wurde eine Photovoltaikanlage installiert, um die Energieversorgung des Hauses zu unterstützen. Mit einer modernen und funktionalen Inneneinrichtung ergänzt das Haus seine ressourcenschonenden Merkmale. Die Verwendung von Holz, Stein und anderen natürlichen Materialien verleiht den Räumen eine warme und einladende Atmosphäre. Die Möbel und Einrichtungsgegenstände sind sorgfältig ausgewählt, um den minimalistischen Stil des Hauses zu unterstreichen und gleichzeitig Komfort und Funktionalität zu bieten. Klare Linien und schlichtes Design schaffen eine harmonische Balance zwischen Ästhetik und praktischem Nutzen. Durch den bewussten Einsatz von natürlichen Oberflächen entsteht eine Verbindung zur Umgebung und eine erholsame Wohnatmosphäre.

Cette maison minimaliste et respectueuse des ressources, destinée à une famille de quatre personnes, séduit par sa façade en mélèze naturel. Les faibles débords de la couverture du toit permettent à la façade en bois de grisailler. La façade est ventilée par l'arrière et les vis sont cachées. La dalle de sol en béton apparent sert de fondation activée par le noyau de béton. Une pompe à chaleur géothermique est utilisée pour chauffer la maison, tandis qu'un système de ventilation central avec récupération de chaleur assure un climat intérieur agréable. De plus, une installation photovoltaïque a été mise en place pour soutenir l'approvisionnement énergétique de la maison. Avec un aménagement intérieur moderne et fonctionnel, la maison complète ses caractéristiques de préservation des ressources. L'utilisation du bois, de la pierre et d'autres matériaux naturels confère aux pièces une atmosphère chaleureuse et accueillante. Les meubles et les objets d'aménagement ont été soigneusement choisis pour souligner le style minimaliste de la maison tout en offrant confort et fonctionnalité. Des lignes épurées et un design simple créent un équilibre harmonieux entre l'esthétique et l'utilité pratique. L'utilisation délibérée de surfaces naturelles crée un lien avec l'environnement et une atmosphère de vie reposante.

Esta casa minimalista para una familia de cuatro miembros, que ahorra recursos, impresiona por su fachada de alerce natural. Los pequeños voladizos del revestimiento del tejado permiten que la fachada de madera se tiña de gris. La fachada está ventilada y atornillada de forma oculta. El forjado de hormigón visto sirve de losa de cimentación activada por núcleo de hormigón. Para calentar la casa se utiliza una bomba de calor geotérmica, mientras que un sistema de ventilación central con recuperación de calor garantiza un clima interior agradable. Además, se instaló un sistema fotovoltaico para abastecer de energía a la casa. Con un diseño interior moderno y funcional, la vivienda complementa sus características de ahorro de recursos. El uso de madera, piedra y otros materiales naturales confiere a las habitaciones un ambiente cálido y acogedor. Los muebles y el mobiliario se han seleccionado cuidadosamente para realzar el estilo minimalista de la casa y ofrecer al mismo tiempo comodidad y funcionalidad. Las líneas limpias y el diseño sencillo crean un equilibrio armonioso entre estética y funcionalidad. El uso deliberado de superficies naturales crea una conexión con el entorno y un ambiente relajante.

JASMIN & CO. INTERIORS

Jasmin Jean Wullschleger

www.jasmin-co.com

"In my world, interior architecture consists of creating sensitive and sensual spaces where we can relax, enjoy, and live simply." Jasmin & Co. Interiors is a full-service furniture and interior design store specializing in home decor. Jasmin's style is unmistakable: timeless, modern and simple, relaxed and luxurious at the same time, with sensual colors and materials, creative and surprising combinations. Each of Jasmin's projects is tailored to its residents and is customized, each one is an oasis of well-being. Perfection lies in imperfection: for me, authenticity is perfect, and nature is my best teacher. Everything in nature is perfect and beautifully imperfect at the same time. I love to play with wonderful textiles like linen, highly pigmented colors, woods, and metals in all their variations. I choose clear and timeless furniture with carefully coordinated accessories to give spaces a cozy feel. For me, a successful space involves all the senses and satisfies its residents.

„In meiner Welt ist Innenarchitektur die Schaffung von gefühlvollen, sinnlichen Räumen, in denen wir entschleunigen, genießen und einfach leben können." Jasmin & Co. Interiors ist ein Full-Service-Innenarchitektur- und Möbelgeschäft, das sich auf die Inneneinrichtung von Wohngebäuden spezialisiert hat. Der Jasmin-Look ist unverwechselbar: zeitlos modern und unkompliziert, lässig und zugleich luxuriös, mit sinnlichen Farben und Materialien, kreativ und mit überraschenden Kombinationen. Jedes Jasmin-Projekt ist auf seine Bewohner abgestimmt und massgeschneidert, jedes eine Wohlfühloase. Die Perfektion liegt in der Unvollkommenheit: Für mich ist das Echte perfekt und die Natur ist mein bester Lehrer. Alle Dinge in der Natur sind vollkommen und wunderschön unperfekt zugleich. Ich liebe es, mit herrlichen Textilien wie wunderbarem Leinen, hochpigmentierten Farben, Hölzern und Metallen in allen Variationen, zu spielen. Ich wähle klare zeitlose Möbel mit fein darauf abgestimmten Accessoires, um cosyness in die Räume zu zaubern. Für mich umfasst ein gelungener Raum alle Sinne und angekommene Bewohner.

« Dans mon monde, l'architecture intérieure consiste à créer des espaces sensibles et sensuels où nous pouvons nous détendre, profiter et vivre simplement ». Jasmin & Co. Interiors est un magasin de meubles et de design d'intérieur à service complet spécialisé dans la décoration intérieure. Le style de Jasmin est inimitable : intemporel, moderne et simple, décontracté et luxueux en même temps, avec des couleurs et des matériaux sensuels, des combinaisons créatives et surprenantes. Chacun des projets de Jasmin est adapté à ses habitants et est personnalisé, chacun est un oasis de bien-être. La perfection réside dans l'imperfection : pour moi, l'authenticité est parfaite, et la nature est ma meilleure enseignante. Tout dans la nature est parfait et magnifiquement imparfait en même temps. J'aime jouer avec de merveilleux textiles comme le lin, des couleurs hautement pigmentées, des bois et des métaux dans toutes leurs variations. Je choisis des meubles clairs et intemporels avec des accessoires soigneusement coordonnés pour donner aux espaces une ambiance chaleureuse. Pour moi, un espace réussi engage tous les sens et satisfait ses habitants.

«En mi mundo, la arquitectura de interiores consiste en crear espacios sensibles y sensuales donde podemos relajarnos, disfrutar y vivir de manera sencilla». Jasmin & Co. Interiors es una tienda de muebles y diseño de interiores de servicio completo especializada en la decoración de viviendas. El estilo de Jasmin es inconfundible: atemporal, moderno y sencillo, relajado y lujoso al mismo tiempo, con colores y materiales sensuales, creativo y con combinaciones sorprendentes. Cada proyecto de Jasmin se adapta a sus residentes y es a medida, cada uno es un oasis de bienestar. La perfección radica en la imperfección: para mí, lo auténtico es perfecto y la naturaleza es mi mejor maestra. Todas las cosas en la naturaleza son perfectas y hermosamente imperfectas al mismo tiempo. Me encanta jugar con textiles maravillosos como el lino, colores altamente pigmentados, maderas y metales en todas sus variaciones. Elijo muebles claros y atemporales con accesorios cuidadosamente coordinados para dar a los espacios una sensación acogedora. Para mí, un espacio exitoso involucra todos los sentidos y satisface a sus residentes.

LIVING ON THE EDGE OF THE FOREST
Switzerland

I designed this modern wooden house completely, paying the utmost attention to materials, colors, and the timeless feeling of home. The combination of solid wood, raw steel, and linen, cozy lighting, and artwork speaks for itself. The outdoor spaces are extensions of the interiors with direct views of the nearby forest or in the distance.

J'ai entièrement conçu cette maison moderne en bois, en prêtant une attention maximale aux matériaux, aux couleurs et à la sensation intemporelle du foyer. La combinaison de bois massif, d'acier brut et de lin, un éclairage chaleureux et des œuvres d'art parlent d'elles-mêmes. Les espaces extérieurs sont des extensions des espaces intérieurs avec des vues directes sur la forêt voisine ou au loin.

Dieses moderne Holzhaus habe ich komplett einrichtet und mit grösster Sorgfalt auf Materialien und Farbe und zeitloser Wohnlichkeit geachtet. Die Kombination von massivem Holz, Rohstahl und Leinen, wohnlichem Licht und Kunst spricht für sich. Die Aussenräume sind erweiterte Wohnräume mit direktem Blick auf den anliegenden Wald oder in die Weite.

Diseñé completamente esta casa moderna de madera, prestando la máxima atención a los materiales, colores y a la sensación de hogar atemporal. La combinación de madera maciza, acero crudo y lino, una iluminación acogedora y obras de arte hablan por sí mismos. Los espacios exteriores son extensiones de los interiores con vistas directas al bosque cercano o a la distancia.

TWO PENTHOUSES

Unterägeri, Switzerland

I had the freedom to design and furnish two adjacent penthouses for the same owner. The sensitive and timeless interior architecture includes different materials, colors, kitchens, and bathroom designs, as well as complete decoration, from furniture to accessories, carefully tailored to their respective residents: an apartment for a woman with her child and another for the owner with his child. The clients were able to move into their fully furnished and ready-to-live-in apartments: the beds were made, the kitchen and bathrooms were equipped, and the furniture, both indoors and outdoors, was perfectly placed.

J'ai eu la liberté de concevoir et d'aménager deux penthouses adjacents pour le même propriétaire. L'architecture intérieure sensible et intemporelle comprend différents matériaux, couleurs, cuisines et designs de salle de bains, ainsi que la décoration complète, des meubles aux accessoires, adaptée avec soin à leurs résidents respectifs : un appartement pour une femme avec son enfant et un autre pour le propriétaire avec son enfant. Les clients ont pu emménager dans leurs appartements entièrement meublés et prêts à vivre : les lits étaient faits, la cuisine et les salles de bains étaient équipées, et le mobilier, à l'intérieur comme à l'extérieur, était parfaitement disposé.

Für den gleichen Bauherren durfte ich zwei nebeneinander liegende Attikawohnungen designen und einrichten, ich hatte vollkommen frei Hand. Die sensitive und zeitlose Innenarchitektur mit den unterschiedlichen Materialien, Farben, Küchen- und Baddesign- sowie die Inneneinrichtung von A-Z, habe ich auf ihre jeweiligen Bewohner - eine Wohnung für eine Frau mit ihrem Sohn und die andere für den Bauherren mit seinem Sohn- fein abgestimmt. Die Kunden konnten in ihre komplett eingerichteten und fertigen Wohnungen einziehen, die Betten waren bezogen, die Küche und Bäder eingeräumt und das Mobiliar – In-/ und Outdoor- perfekt platziert.

Tuve la libertad de diseñar e amueblar dos áticos contiguos para el mismo propietario. La arquitectura de interiores sensible y atemporal incluye diferentes materiales, colores, cocinas y diseños de baños, así como la decoración completa, desde muebles hasta accesorios, adaptados con cuidado a sus respectivos residentes: un apartamento para una mujer con su hijo y otro para el propietario con su hijo. Los clientes pudieron mudarse a sus apartamentos completamente amueblados y listos para habitar: las camas estaban hechas, la cocina y los baños estaban equipados y el mobiliario, tanto interior como exterior, estaba perfectamente colocado.

149

DREAM HOUSE

Buchs, Switzerland

In this newly renovated house, the new interior decoration, both inside and outside, harmoniously blends with the spacious spaces, without overshadowing the fantastic architecture.

In diesem frisch renovierten Haus sollte die neue Inneneinrichtung In-/ und Outdoor komplett verschmelzen und sich harmonisch in die grosszügigen Räumlichkeiten einfügen, ohne der fantastischen Architektur die Show zu stehlen.

Dans cette maison récemment rénovée, la nouvelle décoration intérieure, à l'intérieur comme à l'extérieur, se fond harmonieusement dans les espaces généreux, sans voler la vedette à l'architecture fantastique.

En esta casa recientemente renovada, la nueva decoración de interiores, tanto en el interior como en el exterior, se fusiona armoniosamente con los amplios espacios, sin robarle protagonismo a la fantástica arquitectura.

JOHN GRABLE ARCHITECTS
John Grable

www.johngrable.com

A passion for the narratives of people's lives and the role of buildings within those stories is what drives the design approach at John Grable Architects.. By building on existing traditions and historic vernacular, our work not only contributes to the continuum of the human experience, but also keeps the history of a place alive. Our designs resonate a quiet strength that results from a controlled hand and disciplined eye. We engage each project with an acute understanding of materials and their potential; striving to use each material – whether natural or man-made – in the best way possible, both in craft and detail and to re-use and recycle materials. Our work is enlivened by a creative blend of old materials often playfully adapted to new applications. By embracing time-tested building techniques that complement nature and taking care to rehabilitate materials whenever possible, our work is a joyous convergence of past and present.

Die Leidenschaft für die Lebensgeschichten der Menschen und die Rolle von Gebäuden darin bestimmen den Entwurf von John Grable Architects. Indem wir auf bestehenden Traditionen und historischer Umgangssprache aufbauen, trägt unsere Arbeit nicht nur zum Kontinuum der menschlichen Erfahrung bei, sondern hält auch die Geschichte eines Ortes lebendig. Unsere Entwürfe strahlen eine stille Stärke aus, die das Ergebnis einer kontrollierten Hand und eines disziplinierten Auges ist. Wir gehen jedes Projekt mit einem ausgeprägten Verständnis der Materialien und ihres Potenzials an; Wir streben danach, jedes Material – ob natürlich oder künstlich – sowohl handwerklich als auch im Detail bestmöglich zu nutzen und Materialien wiederzuverwenden und zu recyceln. Unsere Arbeit wird durch eine kreative Mischung alter Materialien belebt, indem wir bewährte Bautechniken nutzen, die die Natur ergänzen, und wenn möglich auf die Sanierung von Materialien achten, ist unsere Arbeit eine freudige Konvergenz von Vergangenheit und Gegenwart.

La passion pour les histoires de vie des gens et le rôle des bâtiments dans leur vie inspire la conception des architectes John Grable. En puisant dans les traditions existantes et le langage vernaculaire historique, notre travail contribue non seulement à la continuité de l'expérience humaine, mais il maintient également en vie l'histoire d'un lieu. Nos conceptions véhiculent une force silencieuse qui résulte d'une main contrôlée et d'un œil discipliné. Nous nous engageons dans chaque projet avec une compréhension aiguë des matériaux et de leur potentiel, en nous efforçant d'utiliser chaque matériau - qu'il soit naturel ou artificiel - de la meilleure manière possible, tant en termes de savoir-faire que de détails, et en réutilisant et recyclant les matériaux. Notre travail est animé par un mélange créatif de matériaux anciens, souvent adaptés à de nouvelles applications. En adoptant des techniques de construction éprouvées qui complètent la nature et en cherchant à réhabiliter les matériaux chaque fois que possible, notre travail est une heureuse convergence du passé et du présent.

La pasión por las historias de la vida de las personas y el papel de los edificios en ellas impulsa el diseño de John Grable Architects. Al basarnos en las tradiciones existentes y en el lenguaje vernáculo histórico, nuestro trabajo no sólo contribuye a la continuidad de la experiencia humana, sino que también mantiene viva la historia de un lugar. Nuestros diseños transmiten una fuerza silenciosa que es el resultado de una mano controlada y un ojo disciplinado. Nos involucramos en cada proyecto con una aguda comprensión de los materiales y su potencial, esforzándonos por utilizar cada material -ya sea natural o artificial- de la mejor manera posible, tanto en la artesanía como en el detalle, y por reutilizar y reciclar los materiales. Nuestro trabajo está animado por una mezcla creativa de materiales antiguos, a menudo adaptados a nuevas aplicaciones. Adoptando técnicas de construcción probadas que complementan la naturaleza y procurando rehabilitar los materiales siempre que es posible, nuestro trabajo es una feliz convergencia del pasado y el presente.

MODERN LEGACY

San Antonio, Texas, United States

This two-story 4,200 square foot new build composition weaves itself through a ½ acre, 50-tree wooded lot. The one room wide, linear floor plan provides simultaneous access and views to the front and rear yard. Ascending to the second floor, a roof top mirador creates an exponential progression of the ground level experience transporting you into the tree canopies. The use of Lueders Stone and rough stone mill blocks throughout the grounds recalls the adjacent historical quarry site to the north and affords a visual opulence. Enlivened by the ever-changing stream of natural light, the use of a creamy white paint throughout the interior and exterior provides a blank canvas to receive a rich tapestry of light and shadow crafted by Mother Nature, the best interior designer. In this home, one feels the constant change of time throughout the day and seasons of the year. This becomes a signature feature of the home creating an ethereal Zen environment that harbors a desire to remain.

Dieser zweistöckige, 400 Quadratmeter große Neubau schlängelt sich durch ein ½ Hektar großes Waldgrundstück mit 50 Bäumen. Der einen Raum umfassende, lineare Grundriss bietet gleichzeitigen Zugang und Ausblick zum Vorder- und Hinterhof. Beim Aufstieg in die zweite Etage sorgt ein Mirador auf dem Dach für eine exponentielle Weiterentwicklung des Erdgeschosserlebnisses und entführt Sie in die Baumkronen. Die Verwendung von Leuder-Stein und Rohstein-Mühlenblöcken auf dem gesamten Gelände erinnert an das angrenzende historische Steinbruchgelände im Norden und sorgt für eine visuelle Opulenz. Belebt durch den sich ständig verändernden Strom des natürlichen Lichts, bietet die Verwendung einer cremeweißen Farbe im gesamten Innen- und Außenbereich eine leere Leinwand, auf der ein reichhaltiger Wandteppich aus Licht und Schatten entsteht, der von Mutter Natur, der besten Innenarchitektin, geschaffen wurde. In diesem Haus spürt man den ständigen Wechsel der Zeit im Laufe des Tages und der Jahreszeiten. Dies wird zu einem charakteristischen Merkmal des Hauses und schafft eine ätherische Zen-Umgebung, die den Wunsch weckt, zu bleiben.

Cette composition de deux étages et 420 m² de construction neuve s'intègre à travers un terrain boisé de 50 arbres. La disposition linéaire d'une seule pièce offre un accès simultané et des vues sur la cour avant et arrière. En montant au deuxième étage, une terrasse sur le toit crée une progression exponentielle de l'expérience au niveau du sol, vous transportant dans les cimes des arbres. L'utilisation de la pierre Leuder et de blocs de pierre brute dans toute la propriété évoque la carrière historique adjacente au nord et offre une opulence visuelle. Animée par la lumière naturelle en constante évolution, l'utilisation d'une peinture blanche crémeuse à l'intérieur et à l'extérieur crée une toile blanche pour recevoir une riche tapisserie de lumières et d'ombres élaborée par Mère Nature, la meilleure designer d'intérieur. Dans cette maison, on ressent le changement constant du temps tout au long de la journée et des saisons. Cela devient une caractéristique de la maison qui crée une ambiance zen aérienne qui invite à y rester.

Esta composición de dos plantas y 420 m² de nueva construcción se entrelaza a través de un terreno arbolado de 50 árboles. La planta lineal de una habitación proporciona acceso simultáneo y vistas al patio delantero y trasero. Al ascender a la segunda planta, un mirador en la azotea crea una progresión exponencial de la experiencia a nivel del suelo que te transporta a las copas de los árboles. El uso de piedra Leuder y bloques de piedra en bruto en todo el terreno evoca la histórica cantera adyacente al norte y ofrece una opulencia visual. Animado por la siempre cambiante corriente de luz natural, el uso de una pintura blanca cremosa en todo el interior y el exterior proporciona un lienzo en blanco para recibir un rico tapiz de luces y sombras elaborado por la Madre Naturaleza, la mejor diseñadora de interiores. En esta casa, uno siente el cambio constante del tiempo a lo largo del día y de las estaciones del año. Esto se convierte en un rasgo característico de la casa que crea un ambiente Zen etéreo que alberga el deseo de quedarse en ella.

HI LO

Hot Springs, Arkansas, United States

At the crest of a hill on a heavily wooded site, this shoreside retreat peers through the foliage onto the intersection of the Ouachita River and Lake Catherine. Once territory of the Washita Tribes and now the second home to our clients, this fertile ground has been a desirable resting place for millenniums. Initial conversations with the client emphasized the importance for connection with the land but also to their roots - one an ex PGA Golfer and the other of Irish decent. Precedent images included a collage of photographs recalling the dry stack stone walls from their favorite golf courses in Scotland. With a massive outdoor fireplace anchoring the end of the linear stone wall, the home recalls a steamship at the head of the tributary. Private guest homes are self-contained to serve as compact offices for guests. Inspired by Japanese fishing villages, they cascade down the hill to the water's edge, where a boat dock floats on the water like a Buddhist lantern - illuminating the path to creativity.

Au sommet d'une colline dans un site densément boisé, ce refuge en bord de rivière regarde à travers la végétation vers l'intersection de la rivière Ouachita et du lac Catherine. Autrefois territoire des tribus Washita et maintenant la deuxième maison de nos clients, cette terre fertile a été un lieu de repos recherché depuis des millénaires. Les premières conversations avec le client ont souligné l'importance de la connexion avec la terre, mais aussi avec leurs racines : l'un était un golfeur de la PGA et l'autre avait des origines irlandaises. Les images de référence comprenaient un collage de photos évoquant les murs de pierres sèches de leurs terrains de golf préférés en Écosse. Avec une immense cheminée extérieure ancrant l'extrémité du mur en pierre linéaire, la maison évoque un bateau à vapeur à l'embouchure du tributaire. Les maisons d'hôtes privées, autonomes pour servir de bureaux compacts pour les invités, inspirées des villages de pêcheurs japonais, descendent la colline jusqu'au bord de l'eau, où un quai flotte comme une lanterne bouddhiste, éclairant le chemin vers la créativité.

Auf der Kuppe eines Hügels auf einem stark bewaldeten Gelände gelegen, blickt dieser Rückzugsort am Ufer durch das Laubwerk auf die Kreuzung des Ouachita River und des Lake Catherine. Einst Territorium der Washita-Stämme und heute die zweite Heimat unserer Kunden, ist dieser fruchtbare Boden seit Jahrtausenden ein begehrter Rastplatz. Erste Gespräche mit dem Kunden betonten die Bedeutung der Verbindung mit dem Land, aber auch mit seinen Wurzeln – der eine war ein ehemaliger PGA-Golfer und der andere irischer Abstammung. Zu den Vorgängerbildern gehörte eine Fotocollage, die an die Trockenmauern ihrer Lieblingsgolfplätze in Schottland erinnerte. Mit einem massiven Außenkamin, der das Ende der linearen Steinmauer verankert, erinnert das Haus an ein Dampfschiff am Ende des Nebenflusses. Private Gästehäuser, die in sich geschlossen sind und als kompakte Büros für Gäste dienen, inspiriert von japanischen Fischerdörfern, fallen kaskadenförmig den Hügel hinunter bis zum Ufer, wo ein Bootssteg wie eine buddhistische Laterne auf dem Wasser schwimmt und den Weg zur Kreativität erhellt.

En la cima de una colina en un sitio densamente arbolado, este refugio junto a la orilla mira a través de la vegetación hacia la intersección del río Ouachita y el lago Catherine. Una vez territorio de las tribus Washita y ahora la segunda casa de nuestros clientes, este terreno fértil ha sido un lugar de descanso deseable durante milenios. Las conversaciones iniciales con el cliente enfatizaron la importancia de la conexión con la tierra, pero también con sus raíces: uno fue golfista del PGA y el otro de ascendencia irlandesa. Las imágenes de referencia incluyeron un collage de fotografías que recordaban los muros de piedra apilada en seco de sus campos de golf favoritos en Escocia. Con una enorme chimenea al aire libre que ancla el extremo del muro de piedra lineal, la casa evoca un barco de vapor en la cabecera del afluente. Las casas de huéspedes privadas, autosuficientes para servir como oficinas compactas para invitados, inspiradas en los pueblos de pescadores japoneses, descienden por la colina hasta la orilla del agua, donde un muelle flota como una linterna budista, iluminando el camino hacia la creatividad.

CASA DE LUZ

Alamo Heights, Texas, United States

This 1967 mid-century modern home was originally commissioned by Peter Callins and Cyrus Wagner. As protégés of O'Neil Ford, this home was often mistaken as his work, with double-wythe South-Texas brick walls, terracotta floors, an intricately carved Lynn Ford door, expansive glass openings, steel columns and exposed Glulam beams, tongue-and-groove roof deck, and flat roofs with deep overhangs. It stood on a corner lot in Alamo Heights for over 50 years before being acquired by the original owners' grandson. Soon after, the home suffered a catastrophic fire. Most considered the home a total loss. We saw a legacy, an architectural gem, and a community landmark. Its revival was the phoenix rising. Sourcing matches for the fire-damaged brick, wood, and terracotta tile became the greatest challenge. An added cupola at the entry brought in natural light, creating a welcoming entrance. The guest wing was flipped to the street elevation and the master wing to the rear for privacy.

Cette maison moderne de 1967 a été initialement commandée par Peter Callins et Cyrus Wagner. En tant qu'élèves d'O'Neil Ford, cette maison était souvent confondue avec son travail, avec ses murs en briques à double largeur du sud du Texas, ses sols en terre cuite, une porte finement sculptée par Lynn Ford, de grandes ouvertures en verre, des colonnes en acier et des poutres apparentes en Glulam, un plafond en lambris et des toits plats avec de larges avant-toits. Elle était située dans un coin d'Alamo Heights pendant plus de 50 ans avant d'être achetée par le petit-fils des propriétaires d'origine. Peu de temps après, la maison a été ravagée par un incendie catastrophique. La plupart pensaient que la maison était complètement perdue. Nous y avons vu un héritage, un bijou architectural et un monument communautaire. Sa renaissance a été le phénix qui renaît de ses cendres. Trouver des correspondances pour la brique, le bois et les carreaux de terre cuite endommagés par le feu est devenu le plus grand défi. Un dôme ajouté à l'entrée a permis l'entrée de lumière naturelle, créant une entrée accueillante. L'aile des invités a été déplacée vers l'élévation de la rue et l'aile principale a été déplacée vers l'arrière pour plus d'intimité.

Dieses moderne Haus aus dem Jahr 1967 wurde ursprünglich von Peter Callins und Cyrus Wagner in Auftrag gegeben. Als Protegés von O'Neil Ford wurde dieses Haus oft fälschlicherweise als sein Werk angesehen, mit Backsteinmauern aus Südtexas, Terrakottaböden, einer kunstvoll geschnitzten Tür von Lynn Ford, weitläufigen Glasöffnungen, Stahlsäulen und freiliegenden Balken aus Brettschichtholz, Zungen- Rillendachterrassen und Flachdächer mit tiefen Überständen. Es stand über 50 Jahre lang auf einem Eckgrundstück in Alamo Heights, bevor es vom Enkel des ursprünglichen Besitzers erworben wurde. Kurz darauf kam es im Haus zu einem verheerenden Brand. Die meisten betrachteten das Haus als Totalschaden. Wir sahen ein Vermächtnis, ein architektonisches Juwel und ein Wahrzeichen der Gemeinschaft. Seine Wiederbelebung war der Aufstieg des Phönix. Die Beschaffung von Streichhölzern für die durch Feuer beschädigten Ziegel, Holz und Terrakottafliesen wurde zur größten Herausforderung. Eine zusätzliche Kuppel am Eingang brachte natürliches Licht und schuf einen einladenden Eingang. Aus Gründen der Privatsphäre wurde der Gästeflügel auf die Straßenseite und der Hauptflügel auf die Rückseite gedreht.

Esta casa moderna de 1967 fue encargada originalmente por Peter Callins y Cyrus Wagner. Como discípulos de O'Neil Ford, esta casa a menudo se confundía con su trabajo, con paredes de ladrillo de doble ancho del sur de Texas, pisos de terracota, una puerta tallada intrincadamente por Lynn Ford, aberturas de vidrio expansivas, columnas de acero y vigas Glulam expuestas, techo de lengüeta y ranura y techos planos con aleros profundos. Estuvo en una parcela en la esquina de Alamo Heights durante más de 50 años antes de ser adquirida por el nieto de los propietarios originales. Poco después, la casa sufrió un incendio catastrófico. La mayoría consideró que la casa estaba totalmente perdida. Nosotros vimos un legado, una joya arquitectónica y un hito comunitario. Su renacimiento fue el fénix que resurge. Encontrar coincidencias para el ladrillo, la madera y la baldosa de terracota dañados por el fuego se convirtió en el mayor desafío. Una cúpula añadida en la entrada permitió la entrada de luz natural, creando una acogedora entrada. La ala de huéspedes se cambió a la elevación de la calle y el ala principal se movió hacia la parte trasera para mayor privacidad.

M3 ARCHITEKTEN

Simon Künzler, Basil Düby

www.m3-architekten.ch

Since 2001, m3 Architects has been making a lasting contribution to modern and timeless architecture with buildings for individuals, companies, and the public sector. Good architecture has a lot to do with responsibility: towards the client, the environment, public space, and society. This responsibility determines our approach in daily work: with our experience and our sense of aesthetics, we develop contemporary buildings together with our clients that meet both individual requirements and environmental demands. Our buildings are simple, functional, and very personal. We build with enthusiasm, flexibility, and a high level of personal commitment. To ensure the high quality of our buildings, we usually handle all project phases in-house: design, construction management, and site supervision, all in one hand. This way, we make sure each phase of the work is carried out as desired, from the initial idea to the key handover.

Seit 2001 leisten wir als m3 Architekten mit Bauten für Privatpersonen, Unternehmen und die öffentliche Hand einen dauerhaften Beitrag zu einer modernen wie zeitlosen Architektur. Gute Architektur hat viel mit Verantwortung zu tun – gegenüber den Bauherren, der Umwelt, dem öffentlichen Raum und der Gesellschaft. Diese Verantwortung bestimmt unser Vorgehen bei der täglichen Arbeit: Mit unserem Fachwissen und unserem Gespür für Ästhetik entwickeln wir gemeinsam mit unseren Kundinnen und Kunden zeitgemässe Bauten, die sowohl den individuellen Ansprüchen als auch den Anforderungen der Umgebung gerecht werden. Unsere Bauten sind schnörkellos, funktional und höchst individuell. Wir bauen mit Begeisterung, Flexibilität und hohem persönlichem Engagement. Um die hohe Qualität unserer Bauten sicherzustellen, bearbeiten wir in der Regel alle Projektphasen bürointern: Entwurf, Baumanagement und Bauleitung – alles aus einer Hand. Damit stellen wir sicher, dass jeder Arbeitsschritt wie gewünscht erfolgt – von der ersten Idee bis zur Schlüsselübergabe.

Depuis 2001, m3 Architekten contribue durablement à l'architecture moderne et intemporelle avec des bâtiments pour les particuliers, les entreprises et le secteur public. La bonne architecture a beaucoup à voir avec la responsabilité : envers le client, l'environnement, l'espace public et la société. Cette responsabilité détermine notre approche dans notre travail quotidien : avec notre expérience et notre sens de l'esthétique, nous développons des bâtiments contemporains avec nos clients, qui répondent aux exigences individuelles et environnementales. Nos bâtiments sont simples, fonctionnels et très personnels. Nous construisons avec enthousiasme, flexibilité et un fort engagement personnel. Afin de garantir la haute qualité de nos bâtiments, nous nous chargeons généralement en interne de toutes les phases du projet : la conception, la gestion de la construction et la surveillance du chantier, tout en une seule main. Ainsi, nous nous assurons que chaque phase du projet se déroule comme prévu, de l'idée initiale à la remise des clés.

Desde 2001, m3 Architekten contribuye de forma duradera a la arquitectura moderna e intemporal con edificios para particulares, empresas y el sector público. La buena arquitectura tiene mucho que ver con la responsabilidad: hacia el cliente, el medio ambiente, el espacio público y la sociedad. Esta responsabilidad determina nuestro enfoque en el trabajo diario: con nuestra experiencia y nuestro sentido de la estética, desarrollamos edizcios contemporáneos junto con nuestros clientes que satisfacen tanto los requisitos individuales como las exigencias del entorno. Nuestros edificios son sencillos, funcionales y muy personales. Construimos con entusiasmo, flexibilidad y un alto nivel de compromiso personal. Para garantizar la alta calidad de nuestros edificios, solemos encargarnos internamente de todas las fases del proyecto: diseño, gestión de la construcción y supervisión de la obra, todo en una sola mano. De este modo, nos aseguramos de que cada fase de la obra se lleve a cabo como se desea, desde la idea inicial hasta la entrega de las llaves.

TOWNHOUSE CONVERSION

Zürichberg, Switzerland

The terraced house from 1909 is located on Zürichberg - the house and garden are on the inventory of protected buildings. With its sober facades, the residential building is representative of the reformist style, which at the time distinguished itself from disorderly historicism. The four bright floors with glazed loggias have a lot of charm: glass entrance doors, large entrances with closets, well-proportioned rooms, coffered doors with skylights, various parquet floors, and 3 m high rooms. Existing qualities were retained and supplemented with modern and simple facilities and fixtures. The floor plans of the 5 1/2-room apartments were optimized with minimal intervention to provide contemporary living stimuli. For example, the kitchen with a dining and living area now forms an open unit with unobstructed views of the city and the Alps on the southwest side, while the bedrooms are located on the northeast side. The decorative cladding of the bathroom and loggia floors, made of air-dried cement slabs, was specially designed and developed for the building.

Das Stadthaus aus dem Jahr 1909 befindet sich am Zürichberg – Haus und Garten sind im Inventar der Denkmalpflege. Das Mehrfamilienhaus ist mit seinen zurückhaltenden Fassaden ein Vertreter des Reformstils, der sich damals vom überladenen Historismus absetzte. Die vier hellen Wohnungen mit verglasten Loggien verfügen über viel Charme: Glaseingangstüren, grosse Entrées mit Garderoben, wohlproportionierte Zimmer, Kassettentüren mit Oberlichtern, verschiedene Parkettböden und drei Meter hohe Räume. Die vorgefundenen Qualitäten wurden erhalten und durch moderne, schlichte Einbauten ergänzt. Die Grundrisse der 5.5-Zimmer-Wohnungen wurden mit minimalen Eingriffen optimiert um zeitgemässe Wohnreize anzubieten. So bildet die Küche mit Ess- und Wohnbereich neu eine offene Einheit mit freier Stadt- und Alpensicht auf der Südwestseite, während die Zimmer im Nordosten liegen. Die dekorativen Bodenbeläge der Bäder und Loggien aus luftgetrockneten Zementplatten wurden speziell für den Bau entworfen und entwickelt.

La maison mitoyenne de 1909 est située à Zurichberg - la maison et le jardin font partie du patrimoine protégé. Avec ses façades sobres, l'immeuble d'habitation est représentatif du style réformiste, qui s'est distingué à l'époque du historicisme désordonné. Les quatre étages lumineux avec des loggias vitrées ont beaucoup de charme : des portes d'entrée vitrées, de grandes entrées avec des armoires, des pièces bien proportionnées, des portes à caissons avec des puits de lumière, plusieurs étages de parquet et des pièces de 3 mètres de hauteur. Les qualités existantes ont été préservées et complétées par des installations et des équipements modernes et simples. Les plans des appartements de 5 1/2 pièces ont été optimisés avec une intervention minimale pour offrir des incitations de vie contemporaines. Par exemple, la cuisine avec salle à manger et salon forme maintenant une unité ouverte avec une vue dégagée sur la ville et les Alpes du côté sud-ouest, tandis que les chambres sont situées du côté nord-est. Les revêtements décoratifs des sols des salles de bains et des loggias, fabriqués à partir de carreaux de ciment séchés à l'air, ont été conçus et développés spécialement pour le bâtiment.

La casa adosada de 1909 está situada en el Zürichberg - la casa y el jardín están en el inventario de edificios protegidos. Con sus sobrias fachadas, el edificio de viviendas es representativo del estilo reformista, que en su momento se distinguió del desordenado historicismo. Los cuatro luminosos pisos con logias acristaladas tienen mucho encanto: puertas de entrada acristaladas, grandes entradas con armarios, habitaciones bien proporcionadas, puertas artesonadas con claraboyas, varios suelos de parqué y habitaciones de 3 m de altura. Se mantuvieron las calidades existentes y se complementaron con instalaciones y accesorios modernos y sencillos. Los planos de los pisos de 5 1/2 habitaciones se optimizaron con una intervención mínima para ofrecer estímulos de vida contemporáneos. Por ejemplo, la cocina con comedor y sala de estar forma ahora una unidad abierta con vistas despejadas a la ciudad y los Alpes en el lado suroeste, mientras que las habitaciones están situadas en el noreste. Los revestimientos decorativos de los suelos de los baños y las logias, hechos de losas de cemento secadas al aire, se diseñaron y desarrollaron especialmente para el edificio.

168

KÄFERBERG APARTMENT BUILDING

Zurich-Höngg, Switzerland

The Käferberg apartment building is located on the lush outskirts of Zurich-Höngg, about 100 m above the city's level. The view is impressive both day and night: the city of Zurich, the lake, and the Alpine panorama - all in one axis. The compact building occupies the center of the plot, surrounded by a park-like green space. Above the two-story exposed concrete base, the four residential floors rise, with an attic and an infinite terrace on top. The main entrance is deliberately located on the mezzanine level, creating an urban dialogue with the neighborhood street. The fully glazed building is presented with a balanced facade design on all sides, composed of horizontal concrete bands, vertical panels of the same material, and semi-transparent brass-colored expanded metal elements at the room height. All horizontal and vertical shading elements are burgundy red, in contrast to the lush green surroundings.

Das Mehrfamilienhaus am Käferberg befindet am durchgrünten Stadtrand von Zürich-Höngg, rund 100 Meter über Stadtniveau. Die Aussicht ist sowohl am Tag als auch in der Nacht atemberaubend: die Stadt Zürich, der Zürichsee und das Alpenpanorama – frontal, alles in einer Achse. Der kompakte Baukörper besetzt die Parzelle mittig, umflossen vom parkartigen Grünraum. Über dem zweigeschossigen Sockel aus Sichtbeton liegen die vier Wohngeschosse – zuoberst das Attika mit Infinity-Terrasse. Der Haupteingang ist bewusst im Zwischengeschoss situiert und steht damit städtebaulich im Dialog mit der Quartierstrasse. Das vollverglaste Gebäude präsentiert sich mit einer allseitig ausgewogenen Fassadengestaltung aus horizontalen Betonbändern, vertikalen Betonscheiben und raumhohen, semi-transparenten Streckmetallelementen in Messingfarbe. Sämtliche horizontalen und vertikalen Verschattungselemente sind in Bordeaux-Rot gehalten – ein Kontrast zur üppigen, grünen Umgebung.

L'immeuble d'appartements Käferberg est situé dans les quartiers verdoyants de Zurich-Höngg, à environ 100 mètres au-dessus du niveau de la ville. La vue est impressionnante de jour comme de nuit : la ville de Zurich, le lac et le panorama alpin - frontalement, le tout sur le même axe. Le bâtiment compact occupe le centre de la parcelle, entouré d'un espace vert semblable à un parc. Les quatre étages résidentiels s'élèvent au-dessus d'un socle en béton apparent de deux étages, avec un attique et une terrasse infinie sur le dessus. L'entrée principale est délibérément située au demi-niveau, créant ainsi un dialogue urbain avec la rue du quartier. Le bâtiment, entièrement vitré, présente un design de façade équilibré de tous côtés, composé de bandes horizontales en béton, de panneaux verticaux du même matériau et d'éléments semi-transparents en métal expansé de couleur laiton à la hauteur des pièces. Tous les éléments de protection horizontaux et verticaux sont de couleur rouge bordeaux, ce qui contraste avec le vert luxuriant de l'environnement.

El edificio de apartamentos de Käferberg está situado en las frondosas afueras de Zurich-Höngg, a unos 100 m sobre el nivel de la ciudad. La vista es impresionante tanto de día como de noche: la ciudad de Zúrich, el lago y el panorama alpino - frontalmente, todo en un mismo eje. El compacto edificio ocupa el centro de la parcela, rodeado de un espacio verde similar a un parque. Sobre el zócalo de dos plantas de hormigón visto se levantan las cuatro plantas residenciales, con el ático con terraza infinita en la parte superior. La entrada principal está deliberadamente situada en el entresuelo, creando así un diálogo urbano con la calle del barrio. El edificio, totalmente acristalado, se presenta con un diseño de fachada equilibrado en todos sus lados, formado por bandas horizontales de hormigón, paneles verticales del mismo material y elementos semi-transparentes de metal expandido de color latón a la altura de la habitación. Todos los elementos de sombreado horizontales y verticales son de color rojo burdeos, lo que contrasta con el verde exuberante del entorno.

MICHELE ARNABOLDI ARCHITETTI

Michele Arnaboldi, Carlo Barra, Enzo Rombolà, Anja Ureta

www.ma-a.ch

Michele Arnaboldi Architetti was founded in Locarno in 1985. Currently, around 20 architects work in the studio, which is involved in architectural projects on both small and large scales, from single-family homes to urban planning, for both private and public clients. Michele Arnaboldi is one of the most significant representatives of the "second generation" of the "Ticino School." Through a deepening and refinement of rational approaches and a close relationship with the landscape, he has developed his own architectural language. The geometrically clear buildings, often made of exposed concrete, emerge as true "places to live" and are developed and constructed in close connection with the landscape. Pre-Alpine topography and the Mediterranean climate influence the design of the buildings: steep entrances, terraces, loggias... In the interiors, views and the incidence of light play a design role, while structures are emphasized in the constructive arrangement.

Das Büro Michele Arnaboldi Architetti wurde 1985 in Locarno gegründet. Mittlerweile arbeiten circa 20 Architekten im Büro, welches sich mit architektonischen Projekten in kleinem und großem Maßstab, vom Einfamilienhaus bis zur Stadtplanung, für Privatpersonen und öffentliche Bauherren beschäftigt. Michele Arnaboldi ist einer der wichtigsten Vertreter der „zweiten Generation" der „Tessiner Schule". Durch die Vertiefung und Verfeinerung der rationalen Ansätze und den engen Bezug zur Landschaft hat er eine eigene architektonischen Sprache entwickelt. Die häufig in Sichtbeton ausgeführten, geometrisch klaren Bauten entstehen als wahre „Orte des Wohnens" und werden in enger Beziehung zur Landschaft entwickelt und gebaut. Die voralpine Topografie und das mediterrane Klima beeinflussen die Ausprägung der Gebäude: steile Zugänge, Terrassen, Loggien. In den Innenräumen spielen Ausblicke und der Lichteinfall eine gestalterische Rolle, während im konstruktiven Layout die Strukturen betont werden.

Michele Arnaboldi Architetti a été fondé à Locarno en 1985. Aujourd'hui, environ 20 architectes travaillent dans le cabinet, qui s'occupe de projets architecturaux de petite et grande envergure, allant des maisons unifamiliales à l'urbanisme, tant pour des particuliers que pour des clients publics. Michele Arnaboldi est l'un des représentants les plus importants de la « deuxième génération » de l'« École tessinoise ». En approfondissant et en perfectionnant des approches rationnelles et en entretenant des liens étroits avec le paysage, il a développé un langage architectural propre. Les bâtiments, géométriquement clairs et souvent en béton apparent, apparaissent comme de véritables « lieux de vie » et sont développés et construits en étroite relation avec le paysage. La topographie préalpine et le climat méditerranéen influencent la conception des bâtiments : des entrées raides, des terrasses, des loggias... À l'intérieur, les vues et la lumière jouent un rôle dans la conception, tandis que les structures sont mises en avant dans la disposition constructive.

Michele Arnaboldi Architetti se fundó en Locarno en 1985. En la actualidad, unos 20 arquitectos trabajan en el estudio, que se ocupa de proyectos arquitectónicos a pequeña y gran escala, desde viviendas unifamiliares hasta urbanismo, tanto para particulares como para clientes de carácter público. Michele Arnaboldi es uno de los representantes más importantes de la «segunda generación» de la «Escuela del Tesino». Mediante la profundización y el perfeccionamiento de planteamientos racionales y la estrecha relación con el paisaje, ha desarrollado un lenguaje arquitectónico propio. Los edificios geométricamente claros, a menudo ejecutados en hormigón visto, surgen como verdaderos «lugares para vivir» y se desarrollan y construyen en estrecha relación con el paisaje. La topografía pre-alpina y el clima mediterráneo influyen en el diseño de los edificios: entradas empinadas, terrazas, logias... En los interiores, las vistas y la incidencia de la luz desempeñan un papel de diseño, mientras que las estructuras se enfatizan en la disposición constructiva.

PRIVATE STUDIO

Minusio, Switzerland

Originally planned as a garden pavilion for parties and gatherings, this project was adapted to a residential building in the advanced stages of the design process at the client's request. The exposed concrete building integrates with the natural terrain's morphology and incorporates existing paths and access points. In the basement, there's a spacious room with a skylight that houses a vehicle collection. From here, you can access the two upper residential floors. The first floor, partially buried in the terrain, contains bedrooms and a wellness-fitness area. On the side, it faces an atrium. The upper floor, in contrast, has a height of almost 4 meters and opens up to Lake Maggiore and the surrounding mountains with a generous window front. Here, you'll find the open, column-free living room with a kitchen and dining area.

Geplant als Gartenpavillon für Feste und Treffen, wurde dieses Projekt auf Wunsch des Bauherrn in einem fortgeschrittenen Stadium des Entwurfsprozesses an die Anforderungen als Wohngebäude angepasst. Das Gebäude in Sichtbeton fügt sich in die Morphologie des natürlichen Geländes ein und nimmt die bestehenden Wege und Zugänge auf. Im Untergeschoss befindet sich ein großzügiger Raum mit Oberlicht, welcher eine Fahrzeugsammlung beherbergt. Von hier aus hat man Zugang zu den beiden oberen Wohngeschossen. Im ersten Geschoss, welches noch teilweise in den Boden eingegraben ist, befinden sich die Zimmer und ein Wellness-Fitness-Bereich. Seitlich orientiert es sich zu einem Lichthof. Das Obergeschoss hingegen ist fast 4 Meter hoch und öffnet sich mit einer großzügigen Fensterfront zum Lago Maggiore und den umliegenden Bergen. Hier befindet sich der offene, stützenfreie Wohnraum mit Küche und Essbereich.

Initialement conçu comme un pavillon de jardin pour des fêtes et des réunions, ce projet a été adapté aux exigences d'une résidence à un stade avancé du processus de conception à la demande du client. Le bâtiment en béton apparent s'intègre dans la morphologie du terrain naturel et reprend les chemins et les accès existants. Au sous-sol, il y a une grande salle avec un puits de lumière, qui abrite une collection de véhicules. À partir de là, on accède aux deux étages résidentiels supérieurs. Le premier étage, partiellement encastré dans le sol, abrite les chambres et une zone de bien-être-fitness. Sur le côté, il est orienté vers un atrium. En revanche, l'étage supérieur a une hauteur de plafond de près de 4 mètres et s'ouvre sur le Lac Majeur et les montagnes environnantes avec une généreuse façade vitrée. C'est là que se trouve le salon ouvert, sans colonnes, avec cuisine et salle à manger.

Planificado como pabellón de jardín para fiestas y reuniones, este proyecto se adaptó a los requisitos como edificio residencial en una fase avanzada del proceso de diseño a petición del cliente. El edificio de hormigón visto se integra en la morfología del terreno natural y retoma los caminos y accesos existentes. En el sótano hay una amplia sala con claraboya, que alberga una colección de vehículos. Desde aquí se accede a las dos plantas residenciales superiores. La primera planta, que sigue parcialmente enterrada en el terreno, alberga las habitaciones y una zona de wellness-fitness. En el lateral, está orientada hacia un atrio. La planta superior, en cambio, tiene casi 4 m de altura y se abre al lago Mayor y a las montañas circundantes con un generoso frente de ventanas. Aquí se encuentra el salón abierto, sin columnas, con cocina y comedor.

RENOVATION AND EXPANSION OF AN APARTMENT BUILDING

Gerra-Cugnasco, Switzerland

The property is located on the outskirts of the historic center of Gerra-Cugnasco. The project involves the restoration of the original housing typology and volume and its expansion, positioned at a right angle to the existing house. The resulting courtyard, defined by a closing wall, separates the private space from the public. The residential complex features one floor per unit. The nighttime area, with its associated services, is situated in the new building, while the living area is planned in the existing part to minimize interventions in the original masonry. An interior staircase with an elevator creates the connection between the two parts of the building. The choice of materials and the design of façade and interior details differ between the old and new parts. The entire project contemporarily takes up the traditional themes of Ticino houses with their arcades and galleries open to courtyards.

Das Grundstück befindet sich am Rande des historischen Dorfkernes von Gerra-Cugnasco. Das Projekt sieht die Wiederherstellung der ursprünglichen Typologie und des Volumens des bestehenden Wohnhauses sowie dessen Erweiterung vor, die rechtwinklig zum bestehenden Haus angeordnet ist. Der entstehende Hof, der durch eine umschliessende Mauer definiert wird, grenzt den privaten Raum vom öffentlichen Raum ab. Der Wohnkomplex sieht eine Wohnung pro Geschoss vor. Der Schlafbereich mit den dazugehörigen Dienstleistungen befindet sich im Neubau, während der Wohnbereich im bestehenden Teil vorgesehen ist, um die Eingriffe in das ursprüngliche Mauerwerk zu minimieren. Das innenliegende Treppenhaus mit Aufzug schafft die Verbindung zwischen den beiden Gebäudeteilen. Die Wahl der Materialien und die Ausbildung der Details für die Fassaden und im Inneren des Gebäudes ist zwischen Alt- und Neubau differenziert. Das gesamte Projekt greift in einer zeitgenössischen Form die traditionellen Themen der Tessiner Häuser mit ihren Arkaden und offenen Galerien zu den Höfen auf.

La propriété est située en périphérie du centre historique de Gerra-Cugnasco. Le projet prévoit la restauration de la typologie et du volume d'origine de la maison existante et son agrandissement, qui est disposé à angle droit avec la maison existante. La cour résultante, délimitée par un mur de clôture, sépare l'espace privé de l'espace public. L'ensemble résidentiel prévoit un étage par étage. La zone nuit, avec ses services associés, se trouve dans le nouveau bâtiment, tandis que la zone de vie est projetée dans la partie existante afin de minimiser les interventions dans la maçonnerie d'origine. L'escalier intérieur avec ascenseur crée la liaison entre les deux parties du bâtiment. Le choix des matériaux et la conception des détails des façades et de l'intérieur du bâtiment diffèrent entre la partie ancienne et la nouvelle. L'ensemble du projet reprend de manière contemporaine les thèmes traditionnels des maisons du Tessin, avec ses arcades et galeries ouvertes sur les cours.

La propiedad está situada en las afueras del centro histórico de Gerra-Cugnasco. El proyecto prevé la restauración de la tipología y el volumen originales de la vivienda existente y su ampliación, que se dispone en ángulo recto con la casa existente. El patio resultante, definido por un muro de cierre, delimita el espacio privado del público. El conjunto residencial prevé un piso por planta. La zona de noche, con sus servicios asociados, se sitúa en el nuevo edificio, mientras que la zona de estar se proyecta en la parte existente para minimizar las intervenciones en la mampostería original. La escalera interior con ascensor crea la conexión entre las dos partes del edificio. La elección de los materiales y el diseño de los detalles de las fachadas y el interior del edificio se diferencian entre la parte antigua y la nueva. Todo el proyecto retoma de forma contemporánea los temas tradicionales de las casas del Tesino, con sus arcadas y galerías abiertas a los patios.

"AL SASSO" RESIDENTIAL COMPLEX

Lumino, Switzerland

The site is located near the center of Lumino, in a quiet and sunny area surrounded by a rich natural landscape of mountains and rivers. The project involves the restoration and improvement of the road connecting the northern local road with the southern village center. The new building is positioned in the center of the site and consists of two volumes aligned with the geometries of existing retaining walls and the boundaries to the east and west. These two volumes, connected by an open staircase, are staggered along these geometries. This design choice enhances the existing elements of the site: the traditional stone house with the village center to the south and the large rock with the garden to the north. The three-story building houses nine apartments of different types, oriented towards these characteristic site elements.

Das Grundstück befindet sich in der Nähe des Zentrums von Lumino, in einer ruhigen und sonnigen Gegend, umgeben von einer reichen Natur-, Berg- und Flusslandschaft. Das Projekt sieht die Wiederherstellung und Aufwertung des Weges vor, welcher die nördliche Quartierstrasse mit dem südlich gelegenden Dorfkern verbindet. Das neue Gebäude befindet sich in der Mitte des Grundstücks und besteht aus zwei Baukörpern, die sich an den Geometrien der bereits bestehenden Stützmauern und der Grenzen im Osten und Westen ausrichten. Die beiden Volumen, welche über das offene Treppenhaus miteinander verbunden sind, werden entlang dieser Geometrien versetzt angeordnet. Dank dieser Entwurfswahl werden die vorhandenen Elemente des Grundstücks aufgewertet: das traditionelle Steinhaus mit dem Dorfkern im Süden und den großen Felsen mit dem Garten im Norden. Das 3-geschossige Gebäude beherbergt 9 Wohnungen mit unterschiedlichen Typlologien, welche sich an diesen charakteristischen Elementen des Ortes orientieren.

Le terrain est situé près du centre de Lumino, dans un quartier calme et ensoleillé entouré d'un riche paysage naturel de montagnes et de rivières. Le projet prévoit la restauration et l'amélioration du chemin qui relie la route communale au nord au centre du village au sud. Le nouveau bâtiment est situé au centre du terrain et se compose de deux volumes alignés sur les géométries des murs de soutènement existants et des limites à l'est et à l'ouest. Les deux volumes, reliés par un escalier ouvert, sont étagés le long de ces géométries. Grâce à ce choix de conception, les éléments existants du site sont mis en valeur : la maison traditionnelle en pierre avec le centre du village au sud et le grand rocher avec le jardin au nord. Le bâtiment de trois étages abrite neuf logements de différentes typologies, orientés vers ces éléments caractéristiques du site.

El solar está situado cerca del centro de Lumino, en una zona tranquila y soleada rodeada de un rico paisaje natural, montañoso y fluvial. El proyecto prevé la restauración y mejora del camino que conecta la carretera vecinal del norte con el centro del pueblo al sur. El nuevo edificio está situado en el centro del solar y consta de dos volúmenes alineados con las geometrías de los muros de contención existentes y los límites al este y al oeste. Los dos volúmenes, conectados por la escalera abierta, están escalonados a lo largo de estas geometrías. Gracias a esta elección de diseño, se realzan los elementos existentes del emplazamiento: la casa tradicional de piedra con el centro del pueblo al sur y la gran roca con el jardín al norte. El edificio de tres plantas alberga nueve viviendas de diferentes tipologías, orientadas hacia estos elementos característicos del lugar.

SCHENKER HOUSE

Gerra Gambarogno, Switzerland

The Schenker House is located on a hillside in Gerra Gambarogno, on the southern shore of Lake Maggiore. The site features a triple natural terrace and an irregular shape framed by the U-shaped layout of a road. The house is developed parallel to the contour lines, skillfully making use of the site's topographical peculiarities to give each level of the building a specific character. The layout takes into account the terrain and allows for a differentiated perception of the lake landscape. Light, initially filtered from the upper floors to the entrance on the slope, becomes a luminous explosion in the living space, which opens to the lake on three sides.

Das Haus Schenker befindet sich an einem Hang in Gerra Gambarogno, am südlichen Ufer des Lago Maggiore. Das Grundstück hat eine dreifache natürliche Terrassierung und eine unregelmässige Form, die vom U-förmigen Verlauf einer Strasse eingefasst wird. Der Haus entwickelt sich parallel zu den Höhenlinien und nutzt geschickt die besonderen topografischen Eigenschaften des Geländes, um jeder der verschiedenen Ebenen des Gebäudes einen spezifischen Charakter zu verleihen. Die Wegeführung trägt der Geländebeschaffenheit Rechnung und ermöglicht eine differenzierte Wahrnehmung der Landschaft des Lago Maggiore. Das Licht, das zunächst gefiltert aus den oberen Stockwerken in den in den Hang eingelassenen Eingang fällt, entwickelt sich in der Höhe zu einer wahren Lichtexplosion im Wohnraum, der sich auf drei Seiten zum See hin öffnet.

La maison Schenker est située sur une pente de Gerra Gambarogno, sur la rive sud du lac Majeur. Le terrain présente trois terrasses naturelles et une forme irrégulière encadrée par le tracé en U d'une route. La maison se développe parallèlement aux courbes de niveau, exploitant habilement les particularités topographiques du site pour donner à chacun des différents niveaux du bâtiment un caractère spécifique. La disposition tient compte du terrain et permet une perception différenciée du paysage du lac. La lumière, qui descend d'abord filtrée des étages supérieurs vers l'entrée située sur la pente, devient une véritable explosion de lumière dans l'espace habitable, qui s'ouvre sur le lac sur trois côtés.

La casa Schenker está situada en una ladera de Gerra Gambarogno, en la orilla sur del lago Mayor. El solar presenta un triple aterrazamiento natural y una forma irregular enmarcada por el trazado en U de una carretera. La casa se desarrolla paralelamente a las curvas de nivel, aprovechando hábilmente las particularidades topográficas del lugar para dar a cada uno de los diferentes niveles del edificio un carácter específico. El trazado tiene en cuenta el terreno y permite una percepción diferenciada del paisaje del lago. La luz, que inicialmente cae filtrada desde los pisos superiores hacia la entrada situada en la pendiente, se convierte en altura en una auténtica explosión luminosa en el espacio habitable, que se abre al lago por tres lados.

183

RAHNEE GLADWIN

Interior Designer and Artist

www.idesigntile.com

Artist and interior designer Rahnee Gladwin focuses on the ancient art of crafting hand-cut mosaics of natural stone, glass, metal, and ceramics. She also creates handmade ceramic tile designs. Every project is an artistic and emotional response to the needs of project, the client's vision and the context of its location. To create a seamless experience for the user and viewer of each space, she carefully researches and develops concepts, design, and material in a collaborative approach that is fully integrated with the architectural design process. Her work adds a beautiful and unique dimension to small and large scale projects for interior and exterior applications from mosaic and custom handmade tile feature walls to floors and pools.

Die Künstlerin und Innenarchitektin Rahnee Gladwin konzentriert sich auf die alte Kunst der Herstellung handgeschnittener Mosaike aus Naturstein, Glas, Metall und Keramik. Sie kreiert auch handgefertigte Keramikfliesendesigns. Jedes Projekt ist eine künstlerische und emotionale Antwort auf die Bedürfnisse des Projekts, die Vision des Kunden und den Kontext seines Standorts. Um ein nahtloses Erlebnis für den Benutzer und Betrachter jedes Raums zu schaffen, recherchiert und entwickelt sie sorgfältig Konzepte, Design und Materialien in einem kollaborativen Ansatz, der vollständig in den architektonischen Designprozess integriert ist. Ihre Arbeit verleiht kleinen und großen Projekten für Innen- und Außenanwendungen eine schöne und einzigartige Dimension, von Mosaiken und maßgefertigten handgefertigten Fliesenwänden bis hin zu Böden und Pools.

L'artiste et designer d'intérieur Rahnee Gladwin se concentre sur l'ancien art de la création de mosaïques sculptées à la main avec de la pierre naturelle, du verre, du métal et de la céramique. Elle crée également des designs de carreaux de céramique faits à la main. Chaque projet est une réponse artistique et émotionnelle aux besoins du projet, à la vision du client et au contexte de son emplacement. Pour créer une expérience fluide pour l'utilisateur et le spectateur de chaque espace, elle recherche et développe soigneusement des concepts, des designs et des matériaux dans une approche collaborative qui s'intègre pleinement dans le processus de conception architecturale. Son travail ajoute une dimension belle et unique à des projets de petite et grande envergure pour des applications intérieures et extérieures, allant des murs de mosaïque et des carreaux faits à la main aux sols et aux piscines.

La artista y diseñadora de interiores Rahnee Gladwin se centra en el antiguo arte de crear mosaicos tallados a mano con piedra natural, vidrio, metal y cerámica. También crea diseños de azulejos de cerámica hechos a mano. Cada proyecto es una respuesta artística y emocional a las necesidades del proyecto, la visión del cliente y el contexto de su ubicación. Para crear una experiencia sin fisuras para el usuario y el espectador de cada espacio, investiga y desarrolla cuidadosamente conceptos, diseños y materiales en un enfoque colaborativo que se integra plenamente en el proceso de diseño arquitectónico. Su trabajo añade una dimensión bella y única a proyectos a pequeña y gran escala para aplicaciones interiores y exteriores, desde paredes de mosaico y azulejos hechos a mano hasta suelos y piscinas.

RANCHO RIO BONITO

Hill Country of Central Texas, United States

The 1927 hacienda, located on a large ranch in the Texas Hill Country, was designed in the Andalusian style by Beverly Hills architect Carl Jules Weyl and purchased from the original owners in 2018. The architect had designed, specified, and installed Malibu Studio tile for the interior baths, foyer, library, and exterior walkways of the sprawling home. To update plumbing and adhere to accurate historic design and materials, Gladwin removed and reclaimed the original decorative tiles and redesigned their applications for updated baths and other areas by setting them into historically accurate reproductions of field tile. She also developed custom glazes for the project and added other decorative reproductions to expand the visual context of the building's interiors and exteriors to include 14 baths, three powder rooms, tile mural "rugs" at the entries, wine room, kitchen, library, great room, foyer murals, exterior stair risers, column murals, two fountains and the pool.

Cette hacienda datant de 1927, située dans un vaste ranch dans le Hill Country du Texas, a été conçue dans un style andalou par l'architecte de Beverly Hills, Carl Jules Weyl, et acquise auprès des propriétaires d'origine en 2018. L'architecte avait conçu, spécifié et installé des carreaux Malibu Studio pour les salles de bains intérieures, le hall d'entrée, la bibliothèque et les allées extérieures de la vaste maison. Pour mettre à jour la plomberie tout en respectant la conception et les matériaux historiques, Gladwin a retiré et récupéré les carreaux décoratifs d'origine et a redessiné leurs applications pour les salles de bains rénovées et d'autres zones en les plaçant dans des reproductions historiquement exactes de carreaux de campagne. Elle a également développé des émaux personnalisés pour le projet et ajouté d'autres reproductions décoratives pour élargir le contexte visuel des intérieurs et extérieurs du bâtiment, y compris 14 salles de bains, trois vanités, des « tapis » muraux en carreaux aux entrées, la salle de vin, la cuisine, la bibliothèque, le grand salon, les fresques du hall d'entrée, les contremarches des escaliers extérieurs, les fresques des colonnes, deux fontaines et la piscine.

Die Hacienda aus dem Jahr 1927, die sich auf einer großen Ranch im Texas Hill Country befindet, wurde im andalusischen Stil vom Beverly Hills-Architekten Carl Jules Weyl entworfen und 2018 von den ursprünglichen Eigentümern gekauft. Der Architekt hatte Malibu Studio-Fliesen entworfen, spezifiziert und verlegt die Innenbäder, das Foyer, die Bibliothek und die Außenwege des weitläufigen Hauses. Um die Sanitäranlagen auf den neuesten Stand zu bringen und sich an genaue historische Designs und Materialien zu halten, entfernte Gladwin die ursprünglichen dekorativen Fliesen, nahm sie wieder auf und gestaltete ihre Anwendungen für modernisierte Bäder und andere Bereiche neu, indem er sie in historisch korrekte Reproduktionen von Feldfliesen einfügte. Sie entwickelte auch maßgeschneiderte Glasuren für das Projekt und fügte weitere dekorative Reproduktionen hinzu, um den visuellen Kontext der Innen- und Außenbereiche des Gebäudes zu erweitern und 14 Bäder, drei Gästetoiletten, Fliesenwand-„Teppiche" an den Eingängen, ein Weinzimmer, eine Küche, eine Bibliothek usw. einzubeziehen Zimmer, Foyer-Wandbilder, Außentreppenstufen, Säulen-Wandbilder, zwei Springbrunnen und der Pool.

La hacienda de 1927, situada en un gran rancho en el Hill Country de Texas, fue diseñada en estilo andaluz por el arquitecto de Beverly Hills Carl Jules Weyl y adquirida a los propietarios originales en 2018. El arquitecto había diseñado, especificado e instalado azulejos Malibu Studio para los baños interiores, el vestíbulo, la biblioteca y las pasarelas exteriores de la extensa casa. Para actualizar la fontanería y respetar el diseño y los materiales históricos, Gladwin retiró y recuperó los azulejos decorativos originales y rediseñó sus aplicaciones para los baños actualizados y otras zonas colocándolos en reproducciones históricamente exactas de azulejos de campo. También desarrolló esmaltes personalizados para el proyecto y añadió otras reproducciones decorativas para ampliar el contexto visual de los interiores y exteriores del edificio, incluyendo 14 baños, tres tocadores, «alfombras» murales de azulejos en las entradas, la sala de vinos, la cocina, la biblioteca, el gran salón, los murales del vestíbulo, las contra-huellas de las escaleras exteriores, los murales de las columnas, dos fuentes y la piscina.

TROPICAL BATH

San Antonio, Texas, United States

These fantasy mosaic murals of a tropical reef in a large master bath wet area include a nine-foot long by eight-foot tall wall with a return, shower seat, tub skirt and freestanding wall. The glass and stone murals consist of a field of tumbled Jerusalem Gold Limestone in a sinuous wave pattern and more than 80 colors of matte, polished, opaque and iridescent glass tile and 15 types of tumbled and polished limestone, marble and granite that create the details and shapes of fish, turtle and corals. The translucent glass tile adds depth, giving the sensation of looking into the color plane of stone and as light strikes the mosaic, it is illuminated from within to create three-dimensional feel. Subtle "light wells" of polished Jerusalem Gold Limestone pieces "float" down in a scattered pattern, like light filtering through the water.

Diese fantasievollen Mosaikwandbilder eines tropischen Riffs in einem großen Nassbereich des Hauptbades umfassen eine 2,70 m lange und 2,40 m hohe Wand mit Rücklauf, Duschsitz, Wannenrand und freistehender Wand. Die Wandgemälde aus Glas und Stein bestehen aus einem Feld getrommelten Jerusalemer Goldkalksteins in einem geschwungenen Wellenmuster und mehr als 80 Farben aus matten, polierten, undurchsichtigen und schillernden Glasfliesen sowie 15 Arten getrommelten und polierten Kalksteins, Marmors und Granits, die die Details bilden und Formen von Fischen, Schildkröten und Korallen. Die durchscheinende Glasfliese verleiht Tiefe und vermittelt das Gefühl, in die Farbebene des Steins zu blicken. Wenn Licht auf das Mosaik trifft, wird es von innen beleuchtet, um ein dreidimensionales Gefühl zu erzeugen. Subtile „Lichtquellen" aus polierten Jerusalem-Gold-Kalksteinstücken „schweben" in einem verstreuten Muster herab, als würde Licht durch das Wasser dringen.

Ces fresques en mosaïque fantastiques d'un récif tropical dans la zone humide d'une grande salle de bains principale comprennent un mur de 2,7 mètres de long sur 2,5 mètres de haut avec un retour, un siège de douche, un tablier de baignoire et un mur indépendant. Les fresques de verre et de pierre se composent d'un champ de pierre calcaire Jerusalem Gold en forme d'onde sinueuse et de plus de 80 couleurs de carreaux de verre mat, poli, opaque et irisé, ainsi que de 15 types de pierre calcaire polie, de marbre et de granit qui créent les détails et les formes de poissons, de tortues et de coraux. Les carreaux de verre translucides ajoutent de la profondeur, donnant l'impression de regarder à l'intérieur du plan de couleur de la pierre, et lorsque la lumière frappe la mosaïque, elle s'illumine de l'intérieur pour créer une sensation tridimensionnelle. De subtils « puits de lumière » de morceaux de pierre calcaire Jerusalem Gold polie « flottent » vers le bas dans un motif dispersé, comme la lumière qui filtre à travers l'eau.

Estos murales de mosaico de fantasía de un arrecife tropical en la zona húmeda de un gran baño principal incluyen una pared de 2,7 m de largo por 2,5 m de alto con un retorno, asiento de ducha, faldón de bañera y pared independiente. Los murales de vidrio y piedra consisten en un campo de piedra caliza Jerusalem Gold en forma de onda sinuosa y más de 80 colores de baldosas de vidrio mate, pulido, opaco e iridiscente y 15 tipos de piedra caliza pulida, mármol y granito que crean los detalles y formas de peces, tortugas y corales. El azulejo de vidrio translúcido añade profundidad, dando la sensación de estar mirando dentro del plano de color de la piedra y, a medida que la luz incide sobre el mosaico, éste se ilumina desde dentro para crear una sensación tridimensional. Sutiles «pozos de luz» de piezas pulidas de caliza Jerusalem Gold «flotan» hacia abajo en un patrón disperso, como la luz que se filtra a través del agua.

GALVESTON MOSAIC PENTHOUSE

Galveston, Texas, United States

The kitchen of a 28th floor penthouse looks out onto the beach below and shipping channel beyond. To connect visually to the beach, sand, indigenous birds, shells and flora , three panels were inserted into the spaces between existing cabinets. Gladwin designed these mosaics using 1.5 cm and 1 cm mosaic pieces of 60 types of polished and honed stones. The juxtaposition of matte and gloss across the murals creates a shimmering effect and highlights the waves, sky and birds. Tumbled French limestone was used on the floor to extend the beach character inside the penthouse, reflecting the outside environment some 28 floors below.

Die Küche eines Penthouses im 28. Stock blickt auf den darunter liegenden Strand und den dahinter liegenden Schifffahrtskanal. Um eine visuelle Verbindung zum Strand, Sand, einheimischen Vögeln, Muscheln und Flora herzustellen, wurden drei Paneele in die Zwischenräume zwischen vorhandenen Schränken eingefügt. Gladwin entwarf diese Mosaike aus 1,5 cm und 1 cm großen Mosaikstücken aus 60 Arten polierter und geschliffener Steine. Das Nebeneinander von Matt und Glanz auf den Wandgemälden erzeugt einen schimmernden Effekt und hebt die Wellen, den Himmel und die Vögel hervor. Für den Boden wurde getrommelter französischer Kalkstein verwendet, um den Strandcharakter im Inneren des Penthouses zu verstärken und die Außenumgebung rund 28 Stockwerke darunter widerzuspiegeln.

La cuisine d'un penthouse au 28ᵉ étage offre une vue sur la plage et le canal de navigation. Pour se connecter visuellement à la plage, au sable, aux oiseaux indigènes, aux coquillages et à la flore, trois panneaux ont été insérés dans les espaces entre les armoires existantes. Gladwin a conçu ces mosaïques en utilisant des pièces de 1,5 et 1 cm de 60 types de pierres polies et polies. La juxtaposition du mat et du brillant sur les fresques crée un effet étincelant et met en valeur les vagues, le ciel et les oiseaux. Le sol est en pierre calcaire française polie pour étendre le caractère côtier à l'intérieur du penthouse, reflétant l'environnement extérieur à environ 28 étages de hauteur.

La cocina de un ático de la planta 28 tiene vistas a la playa y al canal de navegación. Para conectar visualmente con la playa, la arena, las aves autóctonas, las conchas y la flora, se insertaron tres paneles en los espacios entre los armarios existentes. Gladwin diseñó estos mosaicos utilizando piezas de 1,5 y 1 cm de 60 tipos de piedras pulidas y apomazadas. La yuxtaposición de mate y brillo en los murales crea un efecto resplandeciente y resalta las olas, el cielo y los pájaros. En el suelo se utilizó piedra caliza francesa pulida para extender el carácter playero al interior del ático, reflejando el entorno exterior unos 28 pisos más abajo.

RAULINO SILVA ARQUITECTO
Raulino Silva

www.raulinosilva.blogspot.com

Raulino Silva was born in Vila do Conde, Portugal, in 1981, where he lives and works. He is an Architect at ESAP, in Porto, and opens its own office in 2011. His work, particularly on the housing theme, has participated in several publications, exhibitions and conferences, including the exhibition "Shine Exhibition", by Big Design Festival Ljubljana, and "Best International Houses", by Platform Architecture and Design in Venice, and the "Europe 40 Under 40 Awards" in The European Centre for Architecture Art Design, in Athens. He participated as a speaker at "The Plan Perspective Forum", in Venice, and at "Arquitectura Avanzada", in México. By invitation, he has join the jury at the Young Architects Competitions in Italy, and Forma Awards in Portugal. The built were recognized with awards: Grands Prix Du Design, 2A Continental Architectural Awards, IF Design Awards, International Architecture Awards, Baku Architecture Award, Paris Design Awards, and Iconic Awards.

Raulino Silva wurde 1981 in Vila do Conde, Portugal, geboren, wo er lebt und arbeitet. Er ist Architekt bei ESAP in Porto und eröffnet 2011 ein eigenes Büro. Seine Arbeiten, insbesondere zum Thema Wohnen, wurden an mehreren Publikationen, Ausstellungen und Konferenzen teilgenommen, darunter an der Ausstellung „Shine Exhibition" des Big Design Festival Ljubljana und „Best International Houses" von Platform Architecture and Design in Venedig sowie die „Europe 40 Under 40 Awards" im Europäischen Zentrum für Architektur und Kunstdesign in Athen. Er nahm als Redner am „The Plan Perspective Forum" teil. in Venedig und bei „Arquitectura Avanzada" in Mexiko. Auf Einladung ist er Mitglied der Jury bei den Young Architects-Wettbewerben in Italien und den Forma Awards in Portugal. Die Bauten wurden mit Preisen ausgezeichnet: Grands Prix Du Design, 2A Continental Architectural Auszeichnungen, IF Design Awards, International Architecture Awards, Baku Architecture Award, Paris Design Awards und Iconic Awards.

Raulino Silva est né à Vila do Conde, au Portugal, en 198 1, où il vit et travaille. Il est architecte diplômé de l'ESAP à Porto et a ouvert son propre bureau en 2011. Son travail, en particulier sur le thème du logement, a été sélectionné dans diverses publications, expositions et conférences, notamment l'exposition « Shine Exhibition » par le Big Design Festival Ljubljana, et « Best International Houses » par Platform Architecture and Design à Venise, ainsi que les « Europe 40 Under 40 Awards » au Centre européen pour l'architecture, l'art et le design à Athènes. Il a participé en tant que conférencier au « The Plan Perspective Forum » à Venise et à « Arquitectura Avanzada » au Mexique. Sur invitation, il a fait partie du jury des Concours de Jeunes Architectes en Italie et des Prix Forma au Portugal. Ses réalisations ont été récompensées par les Grands Prix Du Design, les 2A Continental Architectural Awards, les IF Design Awards, les International Architecture Awards, les Baku Architecture Award, les Paris Design Awards, et les Iconic Awards.

Raulino Silva nació en Vila do Conde, Portugal, en 1981, donde vive y trabaja. Es Arquitecto por la ESAP, en Oporto, y abre oficina propia en 2011. Su trabajo, en particular sobre el tema de la vivienda, ha siso seleccionado en varias publicaciones, exposiciones y conferencias, incluyendo la exposición «Shine Exhibition», por Big Design Festival Ljubljana, y «Best International Houses», por Platform Architecture and Design en Venecia, y los «Europe 40 Under 40 Awards» en The European Centre for Architecture Art Design, en Atenas. Ha participado como ponente en «The Plan Perspective Forum», en Venecia, y en «Arquitectura Avanzada», en México. Por invitación, ha formado parte del jurado de los Concursos de Jóvenes Arquitectos en Italia, y de los Premios Forma en Portugal. Lo construido fue reconocido con premios: Grands Prix Du Design, 2A Continental Architectural Awards, IF Design Awards, International Architecture Awards, Baku Architecture Award, Paris Design Awards, e Iconic Awards.

LEÇA DO BALIO II HOUSE

Matosinhos, Portugal

The project occupies all the area permitted by the allotment regulation, with 250 m² per floor. The house multiplies in three different floors, one of them being the basement illuminated by several patios. Most of the spaces are facing South opening onto the terrace that ends in the pool where the water flows over the edge. In the basement we have the garage, the cinema, the laundry and a suite for the guests. In the groundfloor there is the living room, the kitchen and the office. In the upper floor we have four suites, all of them with a closet and a private bathroom. Beyond the staircase the horizontal communication between the different floors is made by an elevator. The wall to the street was made with granite stone from the region, to give continuity to the existing walls in the subdivision. In the access to the garage, a permeable pavement was used, which contributes significantly to sustainable urban drainage.

Das Projekt umfasst die gesamte laut Zuteilungsordnung zulässige Fläche mit 250 m² pro Etage. Das Haus erstreckt sich über drei verschiedene Etagen, eine davon ist der Keller, der von mehreren Terrassen beleuchtet wird. Die meisten Räume sind nach Süden ausgerichtet und öffnen sich auf die Terrasse, die im Pool endet, wo das Wasser über den Rand fließt. Im Untergeschoss haben wir die Garage, das Kino, die Wäscherei und eine Suite für die Gäste. Im Erdgeschoss befinden sich das Wohnzimmer, die Küche und das Büro. Im Obergeschoss verfügen wir über vier Suiten, alle mit einem Kleiderschrank und einem eigenen Badezimmer. Hinter dem Treppenhaus erfolgt die horizontale Verbindung zwischen den verschiedenen Etagen über einen Aufzug. Die Mauer zur Straße wurde mit Granitsteinen aus der Region errichtet, um eine Kontinuität zu den bestehenden Mauern in der Siedlung herzustellen. Im Bereich der Garagenzufahrt wurde ein wasserdurchlässiger Belag verwendet, der wesentlich zur nachhaltigen Stadtentwässerung beiträgt.

Le projet occupe toute la surface autorisée par la réglementation, avec 250 m² par étage. La maison se démultiplie sur trois étages différents, l'un d'eux étant le sous-sol éclairé par plusieurs patios. La plupart des espaces sont orientés vers le sud, s'ouvrant sur la terrasse qui se termine par la piscine où l'eau s'écoule sur le bord. Au sous-sol, il y a le garage, le cinéma, la buanderie et une suite pour les invités. Au rez-de-chaussée se trouvent le salon, la cuisine et le bureau. Au dernier étage, il y a quatre suites, chacune avec dressing et salle de bains privative. Au-delà de l'escalier, la communication horizontale entre les différents étages se fait par un ascenseur. Le mur extérieur a été réalisé en pierre de granit de la région, pour donner une continuité aux murs existants dans le lotissement. Pour l'accès au garage, un revêtement perméable a été utilisé, ce qui contribue significativement au drainage urbain durable.

El proyecto ocupa toda la superficie permitida por la normativa de adjudicación, con 250 m² por planta. La casa se multiplica en tres plantas diferentes, siendo una de ellas el sótano iluminado por varios patios. La mayoría de los espacios están orientados al sur abriéndose a la terraza que termina en la piscina donde el agua fluye por el borde. En el sótano tenemos el garaje, el cine, la lavandería y una suite para los invitados. En la planta baja está el salón, la cocina y el despacho. En la planta superior se sitúan cuatro suites, todas ellas con armario y baño privado. Más allá de la escalera, la comunicación horizontal entre las diferentes plantas se realiza mediante un ascensor. El muro exterior fue hecho con piedra de granito de la región, para dar continuidad a los muros existentes en el fraccionamiento. En el acceso al garaje se utilizó un pavimento permeable, que contribuye significativamente al drenaje urbano sostenible.

PEDROSO HOUSE

Vila Nova de Gaia, Portugal

The land is steep and covers two large lots of the subdivision, designed with the objective of safeguarding the existing vegetation and trees. At the limits of the land was only a metal fence be placed, and was the topography of the land be maintained, with the trees. The upper floor of the dwelling, we have the living and the dining room, the kitchen, and the three suites, at the street level, which allows access to the land. On the lower floor, which is partially buried in the land, we have the garage, the laundry room, the wine cellar, the guest room, the games/cinema room and the indoor pool. The lower floor with the granite stone facades of the region has a large patio with a helical staircase. The terrace in the upper floor communicates with the living room, the kitchen and the rooms, allow you to extend these spaces to the outside at the level of the treetops.

Das Grundstück ist steil und erstreckt sich über zwei große Grundstücke der Unterteilung, die mit dem Ziel entworfen wurden, die vorhandene Vegetation und die Bäume zu schützen. An den Grenzen des Grundstücks sollte nur ein Metallzaun angebracht werden und die Topographie des Grundstücks mit den Bäumen sollte erhalten bleiben. Im Obergeschoss der Wohnung befinden sich das Wohn- und Esszimmer, die Küche und die drei Suiten auf Straßenniveau, was den Zugang zum Grundstück ermöglicht. In der unteren Etage, die teilweise im Grundstück vergraben ist, befinden sich die Garage, die Waschküche, der Weinkeller, das Gästezimmer, der Spiel-/Kinoraum und das Hallenbad. Die untere Etage mit den Granitsteinfassaden der Region verfügt über eine große Terrasse mit Wendeltreppe. Die Terrasse im Obergeschoss ist mit dem Wohnzimmer, der Küche und den Zimmern verbunden und ermöglicht es Ihnen, diese Räume auf Höhe der Baumwipfel nach außen zu erweitern.

Le terrain est escarpé et englobe deux grandes parcelles de la subdivision, conçues dans le but de préserver la végétation et les arbres existants. L'étage supérieur de la maison abrite le salon, la salle à manger, la cuisine et les trois suites. Au rez-de-chaussée, partiellement enterré dans le terrain, se trouvent le garage, la buanderie, la cave, la chambre d'amis, la salle de jeux/cinéma et la piscine couverte. L'étage inférieur, avec ses façades en pierre de granit provenant de carrières locales, possède une grande cour avec un escalier en colimaçon. La terrasse de l'étage supérieur communique avec le salon, la cuisine et les chambres, permettant d'étendre ces espaces à l'extérieur au niveau de la canopée des arbres.

El terreno es escarpado y abarca dos grandes parcelas de la subdivisión, diseñada con el objetivo de salvaguardar la vegetación y los árboles existentes. El piso superior de la vivienda, alberga la sala de estar y el comedor, la cocina y las tres suites. En la planta baja, que está parcialmente enterrada en el terreno, tenemos el garaje, el lavadero, la bodega, la habitación de invitados, la sala de juegos/cine y la piscina cubierta. La planta inferior, con las fachadas de piedra de granito de canteras locales, tiene un gran patio con una escalera helicoidal. La terraza de la planta superior comunica con el salón, la cocina y las habitaciones, permitiendo extender estos espacios al exterior al nivel de las copas de los árboles.

SÃO FÉLIX DA MARINHA HOUSE

Vila Nova de Gaia, Portugal

Access to the land is via the street in the North, which made it possible to open the interior spaces of the house to the South and to the West with views over the land. On the ground floor the main entrance leads to an atrium, open to the courtyard. The lobby allows connection to all interior spaces. On the east side next to the street we have the garage with laundry, and on the west side the kitchen next to the main room. The living room and dining room is oriented towards the garden and the pool. In the body that extends on the ground on the east side we have the bedroom area, with three bedrooms with access to the garden, the main bedroom being a suite with dressing room. On the top floor we have only a multipurpose room. This space is connected to the terrace, which is on the ground floor roof, with views of the Atlantic Ocean.

Der Zugang zum Grundstück erfolgt über die Straße im Norden, wodurch die Innenräume des Hauses nach Süden und Westen mit Blick auf das Grundstück geöffnet werden konnten. Im Erdgeschoss führt der Haupteingang zu einem Atrium, das zum Innenhof hin offen ist. Die Lobby ermöglicht die Verbindung zu allen Innenräumen. Auf der Ostseite neben der Straße befindet sich die Garage mit Waschküche und auf der Westseite die Küche neben dem Hauptraum. Das Wohn- und Esszimmer ist zum Garten und zum Pool hin ausgerichtet. In dem Körper, der sich auf der Ostseite über das Erdgeschoss erstreckt, befindet sich der Schlafbereich mit drei Schlafzimmern mit Zugang zum Garten, wobei das Hauptschlafzimmer eine Suite mit Ankleidezimmer ist. Im obersten Stockwerk haben wir nur einen Mehrzweckraum. Dieser Raum ist mit der Terrasse verbunden, die sich auf dem Dach im Erdgeschoss befindet und Blick auf den Atlantischen Ozean bietet.

L'accès au terrain se fait par la rue nord, ce qui a permis d'ouvrir les espaces intérieurs de la maison au sud et à l'ouest avec vue sur le terrain. Au rez-de-chaussée, l'entrée principale mène à un atrium ouvert sur la cour. Le hall permet la connexion avec tous les espaces intérieurs. Du côté est, près de la rue, se trouve le garage avec buanderie, et du côté ouest, la cuisine à côté de la chambre principale. Le salon-salle à manger est orienté vers le jardin et la piscine. Dans le corps qui s'étend sur le terrain du côté est, se trouve la zone des chambres, avec trois chambres donnant sur le jardin, la chambre principale étant une suite avec dressing. Au dernier étage, il n'y a qu'une salle polyvalente. Cet espace est connecté à la terrasse, située sur le toit du rez-de-chaussée, avec vue sur l'océan Atlantique.

El acceso al terreno se realiza a través de la calle del norte, lo que permitió abrir los espacios interiores de la casa al sur y al oeste con vistas sobre el terreno. En la planta baja, la entrada principal conduce a un atrio abierto al patio. El vestíbulo permite la conexión con todos los espacios interiores. En el lado este junto a la calle tenemos el garaje con lavadero, y en el lado oeste la cocina junto a la habitación principal. El salón-comedor está orientado hacia el jardín y la piscina. En el cuerpo que se extiende sobre el terreno en el lado este tenemos la zona de dormitorios, con tres dormitorios con acceso al jardín, siendo el dormitorio principal una suite con vestidor. En la planta superior tenemos únicamente una sala polivalente. Este espacio está conectado con la terraza, que se encuentra en la azotea de la planta baja, con vistas al Océano Atlántico.

LEÇA DA PALMEIRA HOUSE

Matosinhos, Portugal

Leça da Palmeira House is located in Matosinhos, in an urban area, which has in its proximity a variety of typologies, from service buildings and collective housing. On the site, we found an existing two story house, with the lower floor slightly bellow the street level. The existing construction was in a very poor condition, the inside was extremely deteriorated. The intervention kept the same shape as the previous construction for the exterior volume, extending it only on the northern side in order to align the construction with the neighbor's which had already extended his. On the north side of the site there's a garage. The common spaces in the house, like the laundry room, the technical area, the kitchen and the living room, are located in the lower floor, with the living room opening to a courtyard. On the upper level there's an office and three suites, of which, one has a walk-in closet.

Das Haus Leça da Palmeira befindet sich in Matosinhos, in einem städtischen Gebiet, in dessen Nähe sich verschiedene Typologien befinden, von Dienstleistungsgebäuden bis hin zu Gemeinschaftsunterkünften. Auf dem Gelände fanden wir ein bestehendes zweistöckiges Haus, dessen unteres Stockwerk leicht unter dem Straßenniveau lag. Die bestehende Konstruktion befand sich in einem sehr schlechten Zustand, das Innere war extrem verfallen. Der Eingriff behielt die gleiche Form wie der vorherige Bau des Außenvolumens bei und erweiterte ihn nur auf der Nordseite, um den Bau mit dem des Nachbarn in Einklang zu bringen, der sein Gebäude bereits erweitert hatte. Auf der Nordseite des Grundstücks befindet sich eine Garage. Die Gemeinschaftsräume im Haus, wie die Waschküche, der Technikbereich, die Küche und das Wohnzimmer, befinden sich im Untergeschoss, wobei das Wohnzimmer zum Innenhof hin offen ist. Auf der oberen Ebene befinden sich ein Büro und drei Suiten, von denen eine über einen begehbaren Kleiderschrank verfügt.

La Casa Leça da Palmeira est située à Matosinhos, dans une zone urbaine qui présente à proximité une grande variété de typologies, allant des bâtiments de services aux logements collectifs. Sur le terrain, on trouve une maison existante de deux étages, avec le rez-de-chaussée légèrement en dessous du niveau de la rue. La construction d'origine était en très mauvais état, avec un intérieur extrêmement dégradé. L'intervention a maintenu la même forme que la construction précédente pour le volume extérieur, l'élargissant seulement du côté nord pour l'aligner avec la construction du voisin qui avait déjà agrandi la sienne. Du côté nord se trouve un garage. Les espaces communs de la maison, tels que la buanderie, la zone technique, la cuisine et le salon, se trouvent au rez-de-chaussée, le salon s'ouvrant sur une cour. À l'étage supérieur, il y a un bureau et trois suites, l'une d'elles avec dressing

La Casa Leça da Palmeira está situada en Matosinhos, en una zona urbana que tiene en sus proximidades una gran variedad de tipologías, desde edificios de servicios hasta viviendas colectivas. En el solar, encontramos una casa existente de dos plantas, con la planta inferior ligeramente por debajo del nivel de la calle. La construcción original se encontraba en muy mal estado, con un interior extremadamente deteriorado. La intervención mantuvo la misma forma que la construcción anterior para el volumen exterior, ampliándolo sólo en el lado norte para alinear la construcción con la del vecino que ya había ampliado la suya. En el lado norte hay un garaje. Los espacios comunes de la casa, como el lavadero, la zona técnica, la cocina y el salón, se sitúan en la planta baja, con el salón abierto a un patio. En la planta superior hay un despacho y tres suites, una de ellas con vestidor.

SCHOEPF LIVING

Ariane Waldburger, Cornelia Crüzer Ettisberger, Melanie Piacente

www.schoepf-living.ch

Life in the Alps leaves a mark on people. The mountains are fascinating; they make us feel the forces of nature in a special way and generate a unique lifestyle. For over 40 years, we have created living environments in an exciting dialogue between alpine style and modern design. We connect the traditional and the craftsmanship with international design.

Das Leben in den Alpen prägt die Menschen. Die Bergwelt ist faszinierend, lässt uns auf ganz besondere Weise die Kräfte der Natur spüren und bringt dabei eine besondere Lebensart hervor. Seit mehr als 40 Jahren kreieren wir Wohnwelten im spannenden Dialog zwischen alpinem Stil und modernem Design. Wir verbinden Traditionsreiches und handwerklich Kunstvolles mit internationalem Design.

La vie dans les Alpes laisse une empreinte sur les gens. Les montagnes sont fascinantes ; elles nous font ressentir les forces de la nature d'une manière spéciale et génèrent un style de vie unique. Depuis plus de 40 ans, nous créons des environnements de vie dans un dialogue passionnant entre le style alpin et le design moderne. Nous relions le traditionnel et l'artisanat au design international.

La vida en los Alpes deja una huella en las personas. Las montañas son fascinantes, nos hacen sentir de una manera especial las fuerzas de la naturaleza y generan un estilo de vida único. Durante más de 40 años, creamos entornos de vida en un emocionante diálogo entre el estilo alpino y el diseño moderno. Conectamos lo tradicional y lo artesanal con el diseño internacional.

ALPINE RESIDENCE

Malbun, Liechtenstein

An alpine residence to fall in love with: the high-quality decoration in superior old wood makes nature feel special. The color of the furniture and decoration elements, in simple natural tones, balances the ambiance perfectly.

Une résidence alpine à tomber amoureux : la décoration de haute qualité en vieux bois supérieur donne une impression de nature spéciale. La couleur des meubles et des éléments de décoration, dans des tons naturels simples, équilibre parfaitement l'ambiance.

Eine Alpen-Residenz zum Verlieben – die Auskleidung in hochwertigem Altholz lässt die Natur auf besondere Weise spüren. Gekonntes Gegengewicht setzt das Farbkonzept der Möbel und Einrichtungselemente, die in schlichten Naturtönen gehalten sind.

Una residencia alpina para enamorarse: la decoración de alta calidad en madera antigua superior hace que la naturaleza se sienta de una manera especial. El color de los muebles y los elementos de decoración, en tonos naturales sencillos, equilibran perfectamente el ambiente.

MOUNTAIN GEM

Pontresina, Switzerland

The apartment in Pontresina combines classic alpine style with modern equipment elements, creating a unique living experience in the Grisons mountains.

L'appartement à Pontresina allie le style alpin classique à des éléments d'équipement modernes, créant une expérience de vie unique dans les montagnes des Grisons.

Die Wohnung in Pontresina kombiniert klassisches alpines Wohnen mit modernen Ausstattungselementen und schafft dadurch ein einzigartiges Wohnerlebnis in den Bündner Bergen.

El apartamento en Pontresina combina el estilo alpino clásico con elementos de equipamiento moderno, creando una experiencia de vida única en las montañas de los Grisones.

RETREAT IN FLIMS

Flims, Switzerland

This unique object in Flims is equipped with high-quality Valser stone and old wood. The special construction style with rounded corners is incorporated organically into the interior, creating a harmonious and luxurious retreat.

Das einzigartige Objekt in Flims ist in hochwertigem Valserstein und Altholz ausgestattet. Der besondere Baustil mit abgerundeten Ecken wurde im Inneren aufgenommen und gestaltet sich organisch zu einem harmonischen und luxuriösen Refugium.

Cet objet unique à Flims est équipé de pierre de Valser de haute qualité et de vieux bois. Le style de construction spécial avec des coins arrondis s'intègre de manière organique à l'intérieur, créant une retraite harmonieuse et luxueuse.

Este objeto único en Flims está equipado con piedra de Valser de alta calidad y madera antigua. El estilo de construcción especial con esquinas redondeadas se incorpora en el interior de manera orgánica, creando un refugio armonioso y lujoso.

ALPINE EXPERIENCE

Falera, Switzerland

A light-filled environment with breathtaking views. Simple elegance, selected accessories, and high-quality materials come together to create a unique living experience.

Un environnement lumineux avec des vues à couper le souffle. Une élégance simple, des accessoires sélectionnés et des matériaux de haute qualité se combinent pour créer une expérience de vie unique.

Lichtdurchflutetes Ambiente mit atemberaubenden Ausblicken. Schlichte Eleganz, ausgewählte Accessoires und edle Materialien werden zu einem einzigartigen Wohnerlebnis.

Un ambiente lleno de luz con vistas impresionantes. Elegancia sencilla, accesorios seleccionados y materiales de alta calidad se combinan para crear una experiencia de vida única.

SETH ANDERSON STUDIO

Seth Anderson

www.sethandersonstudio.com

Long before Seth Anderson began designing and building houses, he could be found filling the pages of notebooks as a kid growing up in New Mexico. With a professional arc that includes textile and furniture design, art, landscaping, and interior design as well as architecture, he synthesizes interests, disciplines and talent that inform a singular vision for buildings at varying scales and complexities. Each project begins with the land and a project's relationship to the surroundings. His delicate touch creates minimal serene environments with carefully selected surface materials, lighting, furniture, and art. Taking a project from empty lot through design, construction, interiors, art selection and landscape creates the unique, artistic cohesion that defines his work. This architecture is art; the construction is sculpture.

Lange bevor Seth Anderson anfing, Häuser zu entwerfen und zu bauen, füllte er als Kind in New Mexico die Seiten seiner Notizbücher. Mit einem beruflichen Werdegang, der neben der Architektur auch Textil- und Möbeldesign, Kunst, Landschaftsgestaltung und Innenarchitektur umfasst, vereint er Interessen, Disziplinen und Talente, die in eine einzigartige Vision für Gebäude unterschiedlicher Größe und Komplexität münden. Jedes Projekt beginnt mit dem Land und der Beziehung des Projekts zur Umgebung. Sein Mit seinem Fingerspitzengefühl schafft er minimale, ruhige Umgebungen mit sorgfältig ausgewählten Oberflächenmaterialien, Beleuchtung, Möbeln und Kunst. Indem er ein Projekt vom leeren Grundstück über den Entwurf, den Bau, die Inneneinrichtung, die Kunstauswahl und die Landschaft führt, entsteht der einzigartige künstlerische Zusammenhalt, der seine Arbeit ausmacht. Diese Architektur ist Kunst, die Konstruktion ist Skulptur.

Bien avant que Seth Anderson ne commence à concevoir et à construire des maisons, il remplissait les pages de ses cahiers lorsqu'il grandissait au Nouveau-Mexique. Avec une carrière qui comprend la conception de textiles et de meubles, l'art, la conception de paysages et d'intérieurs, ainsi que l'architecture, Seth synthétise des intérêts, des disciplines et des talents qui forment une vision singulière pour des bâtiments d'échelles et de complexités variées. Chaque projet part du terrain et de sa relation avec son environnement. Sa touche délicate crée des environnements minimalistes et sereins avec des matériaux de surface, des éclairages, des meubles et des œuvres d'art soigneusement sélectionnés. Le fait de mener un projet depuis le terrain vague jusqu'à la conception, la construction, les intérieurs, la sélection d'œuvres d'art et le paysage crée la cohésion artistique unique qui définit son travail. L'architecture est un art; la construction est une sculpture.

Mucho antes de que Seth Anderson empezara a diseñar y construir casas, se le podía encontrar llenando las páginas de los cuadernos cuando era niño y crecía en Nuevo México. Con una trayectoria profesional que incluye el diseño textil y de mobiliario, el arte, el paisajismo y el diseño de interiores, además de la arquitectura, Seth sintetiza intereses, disciplinas y talentos que conforman una visión singular para edificios de diferentes escalas y complejidades. Cada proyecto parte del terreno y de su relación con el entorno. Su delicado toque crea entornos minimalistas y serenos con materiales de superficie, iluminación, mobiliario y arte cuidadosamente seleccionados. Llevar un proyecto desde el terreno vacío hasta el diseño, la construcción, los interiores, la selección de arte y el paisaje crea la cohesión artística única que define su trabajo. La arquitectura es arte; la construcción, escultura.

SUNFLOWER

Santa Fe, New Mexico, United States

The design for this home originated with the site's views -Mt. Baldy of the Sangre de Cristo Mountains to the east and the Jemez Mountains to the west. The entry is defined as an angular pyramid volume juxtaposed with a 100-year-old, ten-foot Mexican mesquite door. These unexpected material interactions combine with the architecture's play with light and shadow to reinforce geometric forms, push boundaries, imbue, and create an artful aesthetic cohesion. The kitchen, as the heart of the home, offers perfect views toward the east and west. The generous use glass and natural light extends throughout the interiors, which are articulated with tranquil earthy, sand, and beige tones. An interior powder room made of steel also has an interior skylight with glimpses of the pyramid ceiling that offer a nod to Anderson's sculpture and art works. The vast walls and facades interact with the landscape and magnificent New Mexico skies.

La conception de cette maison s'inspire des vues du site, du mont Baldy et des montagnes Sangre de Cristo à l'est et des montagnes Jemez à l'ouest. L'entrée est définie par un volume pyramidal angulaire juxtaposé à un portail en mesquite mexicain de 3 mètres de long, vieux de 100 ans. Ces interactions matérielles inattendues se combinent aux jeux d'ombre et de lumière de l'architecture pour renforcer les formes géométriques, repousser les limites, imprégner et créer une cohésion esthétique artistique. La cuisine, cœur de la maison, offre des vues parfaites sur l'est et l'ouest. L'utilisation généreuse du verre et de la lumière naturelle s'étend à l'ensemble des intérieurs, qui s'articulent autour de tons calmes de terre, de sable et de beige. Une salle d'eau intérieure en acier comprend également un puits de lumière intérieur avec des éclats de toit pyramidaux qui font un clin d'œil aux sculptures et aux œuvres d'art d'Anderson. Les vastes murs et façades interagissent avec le paysage et les magnifiques cieux du Nouveau-Mexique.

Der Entwurf für dieses Haus entstand mit Blick auf den Berg Baldy der Sangre de Cristo Mountains im Osten und die Jemez Mountains im Westen. Der Eingangsbereich besteht aus einem kantigen Pyramidenvolumen, dem eine 100 Jahre alte Tür aus mexikanischem Mesquite gegenübersteht. Diese unerwarteten Materialinteraktionen verbinden sich mit dem Spiel der Architektur, mit Licht und Schatten, um geometrische Formen zu verstärken, Grenzen zu verschieben, zu durchdringen und eine kunstvolle ästhetische Kohäsion zu schaffen. Die Küche, das Herzstück des Hauses, bietet perfekte Ausblicke nach Osten und Westen. Die großzügige Verwendung von Glas und natürlichem Licht zieht sich durch die gesamten Innenräume, die in ruhigen Erd-, Sand- und Beigetönen gehalten sind. Ein aus Stahl gefertigter Puderraum verfügt über ein Oberlicht mit Blick auf die Pyramidendecke, die eine Anspielung auf Andersons Skulpturen und Kunstwerke Andersons. Die riesigen Wände und Fassaden stehen in Wechselwirkung mit der Landschaft und dem herrlichen Himmel über New Mexico.

El diseño de esta casa se originó teniendo en cuenta las vistas del lugar, Mt. Baldy y las montañas Sangre de Cristo al este y las montañas Jemez al oeste. La entrada se define como un volumen piramidal angular yuxtapuesto a una puerta de mezquite mexicano de 3 m y 100 años de antigüedad. Estas inesperadas interacciones materiales se combinan con el juego de luces y sombras de la arquitectura para reforzar las formas geométricas, ampliar los límites, imbuir y crear una cohesión estética artística. La cocina, como corazón de la casa, ofrece unas vistas perfectas hacia el este y el oeste. El generoso uso del cristal y la luz natural se extiende por todos los interiores, que se articulan con tranquilos tonos tierra, arena y beige. Un tocador interior de acero también incluye una claraboya interior con destellos del techo piramidal que ofrecen un guiño a la escultura y las obras de arte de Anderson. Los vastos muros y fachadas interactúan con el paisaje y los magníficos cielos de Nuevo México.

ASTOR

New Mexico, United States

From its hillside site with panoramic east-west views, the house provides the perfect perch from which to experience the daily passage of time from sunrise to sunset. Two massive, 24-inch thick stucco walls flank the home's exterior and accentuate the open horizon and mountains beyond. The design provides the entry, main living spaces and master wing a front row seat to the expanse beyond. Views to sky and land are fully integrated with the structure, form, and material, with the design embracing the path of the sun as well as the contours of the distant mountains. A corridor room that progresses through a master closet and bath area under ceilings slanted at 45 degrees defines the movement from public to private and reinforces the geometric proportions. White interiors, furnishings and textiles complement wood and tile flooring and concrete elements in a sleek and serene ambiance.

Durch seine Hanglage mit Panoramablick von Ost nach West bietet das Haus den perfekten Sitzplatz, um den täglichen Lauf der Zeit von Sonnenaufgang bis Sonnenuntergang zu erleben. Zwei massive, 24 Zoll dicke Stuckwände flankieren die Außenseite des Hauses und betonen den offenen Horizont und die Berge dahinter. Das Design bietet dem Eingangsbereich, den Hauptwohnräumen und dem Hauptflügel einen Sitz in der ersten Reihe mit Blick auf die Weite dahinter. Der Blick auf Himmel und Land ist vollständig in Struktur, Form und Material integriert, wobei das Design den Lauf der Sonne sowie die Konturen der fernen Berge berücksichtigt. Ein Flurraum, der durch einen Hauptschrank und einen Badbereich unter 45 Grad geneigten Decken verläuft, definiert den Übergang vom öffentlichen zum privaten Bereich und verstärkt die geometrischen Proportionen. Weiße Innenräume, Möbel und Textilien ergänzen Holz- und Fliesenböden sowie Betonelemente in einem eleganten und ruhigen Ambiente.

Perchée sur une colline offrant des vues panoramiques d'est en ouest, cette maison est l'endroit idéal pour vivre le passage quotidien du temps, du lever au coucher du soleil. Deux énormes murs en stuc de 60 cm d'épaisseur encadrent l'extérieur de la maison et accentuent l'horizon ouvert et les montagnes au-delà. La conception offre à l'entrée, aux espaces principaux et à l'aile principale des sièges de première rangée avec vue sur l'horizon. Les vues du ciel et de la terre sont pleinement intégrées dans la structure, la forme et les matériaux, et la conception embrasse la trajectoire du soleil et les contours des montagnes lointaines. Un couloir passant par un dressing principal et une salle de bains sous des plafonds inclinés à 45 degrés définit le passage du public au privé et renforce les proportions géométriques. Les intérieurs, les meubles et les textiles blancs complètent les sols en bois et en carreaux et les éléments en béton dans une ambiance élégante et sereine.

Desde su emplazamiento en la ladera con vistas panorámicas este-oeste, la casa ofrece el lugar perfecto desde el que experimentar el paso diario del tiempo desde el amanecer hasta la puesta de sol. Dos enormes muros de estuco de 60 cm de espesor flanquean el exterior de la casa y acentúan el horizonte abierto y las montañas más allá. El diseño ofrece a la entrada, a las estancias principales y al ala principal un asiento en primera fila con vistas al horizonte. Las vistas al cielo y a la tierra están plenamente integradas en la estructura, la forma y el material, y el diseño abraza la trayectoria del sol y los contornos de las montañas lejanas. Un pasillo que avanza a través de un armario principal y una zona de baño bajo techos inclinados a 45 grados define el movimiento de lo público a lo privado y refuerza las proporciones geométricas. Los interiores, el mobiliario y los textiles blancos complementan los suelos de madera y baldosas y los elementos de hormigón en un ambiente elegante y sereno.

RAVENS

New Mexico, United States

This home, nestled in the foothills of the Sangre de Cristo mountains enjoys both southern exposure for solar gain and the cool shadow of the mountains. The client's desired design likewise embraces two experiences as a modern home with clean lines combined with traditional ranch style, expressed by a pitched roof over a main gallery space connecting two flat-roofed wings. The exterior volumes mimic the rhythm of the mountain peaks in a combination contemporary angles, shapes, depth, and dimension. At the entrance the large wall echoes the slope of the mountain visible from the living room, framing and accentuating the view in a sculptural gesture. Building materials include concrete, glass, and wood, underscoring the theme of contrast and harmony throughout the large open spaces.

Nichée au pied des montagnes Sangre de Cristo, cette maison bénéficie à la fois de l'exposition au sud pour le gain solaire et de l'ombre fraîche des montagnes. La conception souhaitée par le client combine deux expériences, à la fois une maison moderne aux lignes épurées et un style ranch traditionnel, exprimé par un toit à deux pans sur un espace galerie principal qui relie deux ailes à toit plat. Les volumes extérieurs imitent le rythme des sommets des montagnes dans une combinaison contemporaine d'angles, de formes, de profondeur et de dimension. À l'entrée, le grand mur fait écho à la pente de la montagne visible depuis le salon, encadrant et accentuant la vue dans un geste sculptural. Les matériaux de construction comprennent le béton, le verre et le bois, soulignant le thème du contraste et de l'harmonie dans de grands espaces ouverts.

Dieses Haus, eingebettet in den Ausläufern des Sangre de Cristo-Gebirges, genießt sowohl eine Südlage zur Sonneneinstrahlung als auch den kühlen Schatten der Berge. Der vom Kunden gewünschte Entwurf umfasst ebenfalls zwei Erlebnisse: ein modernes Zuhause mit klaren Linien kombiniert mit traditionellem Ranch-Stil, ausgedrückt durch ein Satteldach über einem Hauptgalerieraum, der zwei Flügel mit flachem Dach verbindet. Die Außenvolumina ahmen den Rhythmus der Berggipfel in einer Kombination aus zeitgenössischen Winkeln, Formen, Tiefen und Dimensionen nach. Am Eingang spiegelt die große Wand den vom Wohnzimmer aus sichtbaren Hang des Berges wider und umrahmt und betont die Aussicht in einer skulpturalen Geste. Zu den Baumaterialien zählen Beton, Glas und Holz, die das Thema Kontrast und Harmonie in den großen Freiflächen unterstreichen.

Esta casa, enclavada en las estribaciones de las montañas Sangre de Cristo, disfruta tanto de la exposición sur para la ganancia solar como de la fresca sombra de las montañas. El diseño deseado por el cliente abarca asimismo dos experiencias como una casa moderna de líneas limpias combinada con el estilo ranchero tradicional, expresado por un tejado a dos aguas sobre un espacio de galería principal que conecta dos alas de tejado plano. Los volúmenes exteriores imitan el ritmo de los picos de las montañas en una combinación contemporánea de ángulos, formas, profundidad y dimensión. En la entrada, el gran muro se hace eco de la pendiente de la montaña visible desde el salón, enmarcando y acentuando la vista en un gesto escultórico. Los materiales de construcción incluyen hormigón, vidrio y madera, subrayando el tema del contraste y la armonía en los grandes espacios abiertos.

SIMMENGROUP

Patric Simmen

www.simmengroup.ch

SimmenGroup, based in Pfäffikon in the canton of Schwyz, is an expert in new construction and representative remodeling projects in Switzerland and abroad, offering an exclusive "One-Stop-Shop" concept. It focuses on the complete value chain surrounding real estate, architecture, interior design, furniture, construction management, and landscape planning, integrating all necessary aspects for the entire planning and construction process under one roof. In this way, unique real estate concepts are created. Passion for work, the highest quality in execution, and customer needs are always at the forefront. As for architecture, SimmenGroup has high expectations: it must be aesthetically appealing, functional, of high quality, and emotionally convincing to create quality indoor and outdoor living spaces.

Die in Pfäffikon im Kanton Schwyz ansässige SimmenGroup ist Expertin für repräsentative Neu- und Umbauten in der Schweiz wie auch im Ausland und bietet ein einmaliges „One-Stop-Shop"-Konzept. Sie fokussiert sich auf die lückenlose Wertschöpfungskette rund um die Themen Immobilien, Architektur, Innenarchitektur, Möblierung, Bauleitung und Landschaftsplanung und integriert alle für den gesamten Planungs- und Bauprozess nötigen Bereiche unter einem Dach. So entstehen einzigartige Immobilienkonzepte und Real-Estate-Projekte. Leidenschaft für die Arbeit, höchste Qualität in der Ausführung sowie die Wünsche und Bedürfnisse der Kunden stehen dabei stets im Vordergrund. An Architektur stellt die SimmenGroup einen hohen Anspruch: Sie muss ästhetisch, funktional, qualitativ und emotional überzeugen, um lebenswerte Innen- und Aussenräume zu schaffen.

SimmenGroup, basée à Pfäffikon, dans le canton de Schwyz, est une experte en nouveaux projets de construction et en rénovations représentatives en Suisse et à l'étranger, offrant un concept exclusif de « guichet unique ». Elle se concentre sur la chaîne de valeur complète entourant l'immobilier, l'architecture, le design intérieur, le mobilier, la gestion de la construction et la planification du paysage, intégrant tous les aspects nécessaires à l'ensemble du processus de planification et de construction sous un même toit. De cette manière, des concepts immobiliers uniques sont créés. La passion pour le travail, la plus haute qualité dans l'exécution et les besoins des clients sont toujours au premier plan. En ce qui concerne l'architecture, SimmenGroup a de grandes attentes : elle doit être esthétiquement attrayante, fonctionnelle, de haute qualité et émotionnellement convaincante pour créer des espaces de vie intérieurs et extérieurs de qualité.

SimmenGroup, con sede en Pfäffikon, en el cantón de Schwyz, es una experta en proyectos de construcción nuevos y de remodelación representativos en Suiza y en el extranjero, y ofrece un exclusivo concepto de «One-Stop-Shop». Se enfoca en la cadena de valor completa en torno a temas como inmuebles, arquitectura, diseño de interiores, mobiliario, gestión de la construcción y planificación del paisaje, integrando todos los aspectos necesarios para todo el proceso de planificación y construcción bajo un mismo techo. De esta manera, se crean conceptos de inmuebles únicos. La pasión por el trabajo, la máxima calidad en la ejecución y las necesidades de los clientes siempre están en primer plano. En cuanto a la arquitectura, SimmenGroup tiene altas expectativas: debe ser estéticamente atractiva, funcional, de alta calidad y emocionalmente convincente para crear espacios interiores y exteriores de calidad de vida.

HURACAN

Nuolen, Switzerland

The new building is sculptural, timeless, with clear horizontal lines and maximum transparency towards the views of Lake Zurich. Despite its size, the single-family house feels light. The architectural concept focused on optimal space utilization, resulting in open and spacious areas. Floor-to-ceiling windows provide ample light and views of the mountains, the lake, and beautiful sunsets. On the upper floors, glass elements enclose the terraces, which do not obstruct the view or sunlight. The HURACAN interior concept is based on quality and classic modernity. High-quality dark woods for floors and furniture bring warmth to the spacious spaces. The highlight is the kitchen island made of a solid marble block, whose elegant grain is reflected in the dining table countertop. Every detail, such as Gessi design faucets, door handles, and light switches, was carefully incorporated into the interior design planning. Deliberately used lighting and selected fixtures, including Bocci and Henge, add depth and expression to the spaces.

Der Neubau ist skulptural, zeitlos, von klaren horizontalen Linien und zur Aussicht über den oberen Zürichsee hin von maximaler Transparenz geprägt. So wirkt das Einfamilienhaus trotz seiner Grösse leicht. Beim Architekturkonzept lag der Fokus auf einer optimalen Raumnutzung. So entstanden grossflächige, offene Räume. Bodentiefe Fensterfronten schenken diesen viel Licht und geben den Blick auf Berge, See und fantastische Sonnenuntergänge frei. In den oberen Geschossen bilden Glaselemente den Abschluss der Terrassen, wodurch weder Sicht noch Sonnenlicht behindert werden. Das Interiorkonzept von HURACAN orientierte sich an den Vorgaben Qualität und zeitlos-klassische Modernität. Hochwertige dunkle Holzarten für Böden und Einbauten bringen Wärme in die grossflächigen Räume. Highlight ist die Kochinsel aus einem massiven Marmorblock, dessen elegante Maserung von der Esstischplatte wiederaufgenommen wird. Jedes Detail wie die Armaturen des Designerlabels Gessi, Türgriffe und Lichtschalter wurden sorgfältig in die Planung der Innengestaltung miteinbezogen. Bewusst eingesetzte Beleuchtung und ausgewählte Leuchten unter anderem von Bocci und Henge verleihen den Räumen Tiefe und Ausdruck.

Le nouveau bâtiment est sculptural, intemporel, avec des lignes horizontales claires et une transparence maximale vers les vues sur le lac de Zurich. Malgré sa taille, la maison individuelle donne une impression de légèreté. Le concept architectural s'est concentré sur une utilisation optimale de l'espace, ce qui a résulté en des espaces ouverts et spacieux. Les fenêtres du sol au plafond apportent beaucoup de lumière et des vues sur les montagnes, le lac et de magnifiques couchers de soleil. Aux étages supérieurs, des éléments en verre entourent les terrasses, ce qui n'entrave ni la vue ni la lumière du soleil. Le concept intérieur HURACAN repose sur la qualité et la modernité classique. Des bois sombres de haute qualité pour les sols et les meubles apportent de la chaleur aux espaces spacieux. Le point culminant est l'îlot de cuisine en bloc de marbre massif, dont la veine élégante se reflète dans le dessus de table de salle à manger. Chaque détail, comme les robinets de design Gessi, les poignées de porte et les interrupteurs lumineux, a été soigneusement intégré dans la planification du design intérieur. L'éclairage délibérément utilisé et les luminaires sélectionnés, dont Bocci et Henge, donnent de la profondeur et de l'expression aux espaces.

El nuevo edificio es escultural, atemporal, con líneas horizontales claras y una máxima transparencia hacia las vistas del lago de Zúrich. A pesar de su tamaño, la casa unifamiliar se siente ligera. El concepto arquitectónico se centró en la óptima utilización del espacio, lo que resultó en espacios abiertos y amplios. Las ventanas de suelo a techo proporcionan mucha luz y vistas a las montañas, al lago y hermosos atardeceres. En los pisos superiores, los elementos de vidrio cierran las terrazas, lo que no obstaculiza la vista ni la luz solar. El concepto interior HURACAN se basa en la calidad y la modernidad clásica. Maderas oscuras de alta calidad para los suelos y muebles aportan calidez a los espacios amplios. El punto culminante es la isla de cocina hecha de un bloque de mármol macizo, cuya elegante veta se refleja en la encimera de la mesa de comedor. Cada detalle, como los grifos de la marca de diseño Gessi, pomos de puertas y interruptores de luz, se incorporó cuidadosamente en la planificación del diseño interior. La iluminación deliberadamente utilizada y las luminarias seleccionadas, incluyendo Bocci y Henge, dan profundidad y expresión a los espacios.

CHEZ CHEDI

Andermatt, Switzerland

A luxurious and representative mountain retreat, but cozy, without the typical alpine charm, was the main idea behind the design of this apartment in Andermatt. The resulting interior impresses with the harmonious combination of colors and materials. Natural tones provide warmth and atmosphere. A light parquet floor in a classic herringbone design combined with dark wood wall elements and custom-made furniture gives depth and life to the generous spaces. Noble materials like onyx on the backlit bathroom wall, marble, and stained glass create a unique atmosphere. Even details like the horn cabinet handles were adapted to the design concept. The furniture, lighting, and accessories contrast the hardness of stone with soft shapes and warm materials like leather, fabric, and fur. Selected products include designs from Poltrona Frau, Poliform, Henge, Gessi, Antonio Lupi, and Designer Carpets.

Ein luxuriöses und repräsentatives, trotzdem behagliches Bergdomizil ohne den üblichen Alpen-Chick – das war der Leitgedanke bei der Gestaltung dieser Wohnung in Andermatt. Das entstandene Interior beeindruckt durch das harmonische Zusammenspiel von Farben und Materialien. Naturtöne sorgen für Wärme und Atmosphäre. Ein heller Parkettboden in klassischer Fischgrätverlegung in Kombination mit massgefertigten Wandelementen und Einbauten aus dunklem Holz verleiht den grosszügigen Räumen mehr Tiefe und Lebendigkeit. Edle Materialien wie Onyx für die hinterleuchtete Wand im Bad, Marmor und getöntes Glas schaffen ein einzigartiges Ambiente. Selbst Details wie die Schrankgriffe aus Horn wurden auf das Designkonzept abgestimmt. Möblierung, Beleuchtung und Wohnaccessoires stellen hartem Stein weiche Formen sowie warme Materialien wie Leder, Stoff und Fell gegenüber. Zur Auswahl gelangten Produkte von Designern wie Poltrona Frau, Poliform, Henge, Gessi, Antonio lupi und Designer Carpets.

Un refuge de montagne luxueux et représentatif, mais accueillant, sans le charme alpin typique, était l'idée principale derrière la conception de cet appartement à Andermatt. L'intérieur résultant impressionne par la combinaison harmonieuse de couleurs et de matériaux. Les tons naturels apportent chaleur et ambiance. Un parquet clair en chevron classique associé à des éléments muraux et des meubles sur mesure en bois foncé donne de la profondeur et de la vie aux espaces généreux. Des matériaux nobles tels que l'onyx sur le mur du bain rétroéclairé, le marbre et le verre teinté créent une atmosphère unique. Même des détails tels que les poignées en corne des armoires ont été adaptés au concept de design. Les meubles, l'éclairage et les accessoires contrastent avec la rudesse de la pierre par des formes douces et des matériaux chaleureux tels que le cuir, le tissu et la peau. Les produits sélectionnés comprennent des designs de Poltrona Frau, Poliform, Henge, Gessi, Antonio Lupi et Designer Carpets.

Un refugio de montaña lujoso y representativo, pero acogedor, sin el típico encanto alpino, fue la idea principal detrás del diseño de este apartamento en Andermatt. El interior resultante impresiona por la armoniosa combinación de colores y materiales. Los tonos naturales brindan calidez y ambiente. Un suelo de parquet claro en un diseño de espiga clásica combinado con elementos de pared y muebles a medida de madera oscura da profundidad y vida a los espacios generosos. Materiales nobles como el ónix en la pared retroiluminada del baño, mármol y vidrio teñido crean un ambiente único. Incluso detalles como los tiradores de los armarios de cuerno se adaptaron al concepto de diseño. Los muebles, la iluminación y los accesorios contrastan la dureza de la piedra con formas suaves y materiales cálidos como el cuero, la tela y la piel. Los productos seleccionados incluyen diseños de Poltrona Frau, Poliform, Henge, Gessi, Antonio Lupi y Designer Carpets.

REFINE

Neuenkirch, Switzerland

The kitchen was the starting point for the interior design concept of this minimalist single-family house. The specially designed and custom-made kitchen island, with a Bora cooking plate and Poliform bar stools, is an attractive focal point with a white stone countertop, dark wood, and softly rounded edges. A decorative mirror-shaped door hides the pantry entrance. The kitchen area, with smooth white fronts and no upper cabinets, was designed to give it lightness. From there, light natural tones were chosen for the furniture and accentuated with high-quality dark woods. The parquet and marbled porcelain tile complete the design harmoniously. The round shape of the kitchen is echoed in the bedroom, office, and bathroom cabinets to achieve a harmonious overall concept. Selected lights from Bocci and Penta illuminate each room individually. Some of them are made of stained glass, which is repeated in the bathtub and sink.

La cuisine a été le point de départ du concept de design intérieur de cette maison individuelle de style minimaliste. L'îlot de cuisine spécialement conçu et sur mesure, avec une plaque de cuisson Bora et des tabourets de bar Poliform, est un point focal attrayant avec un dessus de table en pierre blanche, du bois foncé et des bords légèrement arrondis. Une porte en forme de miroir décoratif cache l'entrée du garde-manger. La zone de cuisine, avec des façades blanches douces et sans armoires suspendues, a été conçue pour apporter de la légèreté. À partir de là, des tons naturels clairs ont été choisis pour les meubles et accentués avec des bois de haute qualité foncés. Le parquet et le carrelage en grès cérame marbré complètent harmonieusement la conception. La forme ronde de la cuisine est reprise dans les armoires de la chambre, du bureau et de la salle de bains pour obtenir un concept global harmonieux. Les luminaires sélectionnés de Bocci et Penta éclairent chaque pièce individuellement. Certains d'entre eux sont en verre teinté, que l'on retrouve dans la baignoire et le lavabo.

Bei der Umgestaltung dieses Einfamilienhauses in minimalistischem Stil diente die Küche als Ausgangspunkt für das ganzheitliche Interiorkonzept. Die speziell entworfene, massgefertigte Insel mit Bora-Kochfeld, die mit Barhockern von Poliform gleichzeitig auch als Tresen dient, ist mit weisser Steinabdeckung, dunklem Holz und sanft gerundeten Ecken ein attraktiver Blickfang. Eine Türe in Form eines dekorativen Spiegels kaschiert den Eingang zum Vorratsraum. Die Küchenzeile mit reduzierten soft-weissen Fronten verzichtet für Leichtigkeit in der Anmutung weitgehend auf Oberschränke. Ausgehend davon wurden für die Einrichtung helle Naturtöne gewählt und diese durch hochwertige dunkle Hölzer akzentuiert. Parkett und marmoriertes Feinsteinzeug runden das Design harmonisch ab. Die runde Form der Küheninsel wird für ein stimmiges Gesamtkonzept bei den Einbauten im Schlafzimmer, Büro und Bad wiederaufgenommen und neu interpretiert. Ausgewählte Leuchten von Bocci und Penta setzen jeden Raum individuell in Szene. Sie bestehen zum Teil aus getöntem Glas, das sich bei Badewanne und Waschbecken wiederholt.

La cocina fue el punto de partida para el concepto de diseño de interiores de esta casa unifamiliar de estilo minimalista. La isla de cocina especialmente diseñada y hecha a medida, con una placa de cocción Bora y taburetes de bar Poliform, es un atractivo punto focal con una encimera de piedra blanca, madera oscura y bordes suavemente redondeados. Una puerta en forma de espejo decorativo oculta la entrada a la despensa. La zona de la cocina, con frentes blancos suaves y sin armarios superiores, se ha diseñado para darle ligereza. A partir de ahí, se eligieron tonos naturales claros para el mobiliario y se acentuaron con maderas oscuras de alta calidad. El parquet y el gres porcelánico marmoleado completan el diseño de manera armoniosa. La forma redonda de la cocina se retoma en los armarios del dormitorio, la oficina y el baño para conseguir un concepto general armonioso. Las luces seleccionadas de Bocci y Penta iluminan cada habitación de manera individual. Algunas de ellas están hechas de vidrio teñido, que se repite en la bañera y el lavabo.

SLAUGHTER DESIGN STUDIO

Amy Slaughter

www.slaughterdesignstudio.com

At SDS, we whole-heartedly try to create spaces that are true reflections of the people we serve. We believe the best way to make our clients' home a true reflection of who they are is to take the time to fully understand their personalities, their lifestyles, and what they value. We can only do this by slowing down and listening. We take the time to know people, then bring competent, creative interior design to life. We believe in the convergence of great service, great design and building a new relationship. Uniqueness and variety make design engaging; so why not see everyone for who he/she is and begin from there. Nothing temperamental, just truly you.

Bei SDS versuchen wir mit ganzem Herzen, Räume zu schaffen, die ein wahres Spiegelbild der Menschen sind, denen wir dienen. Wir glauben, dass der beste Weg, das Zuhause unserer Kunden zu einem echten Spiegelbild ihrer Persönlichkeit zu machen, darin besteht, sich die Zeit zu nehmen, ihre Persönlichkeit, ihren Lebensstil und ihre Werte vollständig zu verstehen. Wir können dies nur tun, indem wir langsamer werden und zuhören. Wir nehmen uns die Zeit, Menschen kennenzulernen und dann kompetente, kreative Innenarchitektur zum Leben zu erwecken. Wir glauben an die Verbindung von großartigem Service, großartigem Design und dem Aufbau einer neuen Beziehung. Einzigartigkeit und Vielfalt machen Design attraktiv; Warum also nicht jeden so sehen, wie er/sie ist, und von dort aus beginnen? Nichts Temperamentvolles, nur wahrhaftig du.

Chez SDS, nous nous efforçons sincèrement de créer des espaces qui reflètent fidèlement les personnes que nous servons. Nous croyons que la meilleure façon de faire de la maison de nos clients un reflet de ce qu'ils sont est de prendre le temps de comprendre pleinement leur personnalité, leur style de vie et ce qu'ils apprécient. Nous ne pouvons le faire qu'en ralentissant et en écoutant. Nous prenons le temps de connaître les gens et de donner vie à une conception d'intérieur compétente et créative. Nous croyons en la convergence d'un excellent service, d'un excellent design et de la construction d'une nouvelle relation. La singularité et la diversité rendent la conception attrayante ; alors, pourquoi ne pas voir chaque personne telle qu'elle est réellement et commencer à partir de là ? Pas de caprices, juste vous vraiment.

En SDS intentamos de todo corazón crear espacios que sean fiel reflejo de las personas a las que servimos. Creemos que la mejor manera de hacer que la casa de nuestros clientes sea muestra de lo que son es tomarse el tiempo necesario para comprender plenamente su personalidad, su estilo de vida y lo que valoran. Sólo podemos hacer esto reduciendo la velocidad y escuchando. Nos tomamos el tiempo necesario para conocer a las personas y dar vida a un diseño de interiores competente y creativo. Creemos en la convergencia de un gran servicio, un gran diseño y la construcción de una nueva relación. La singularidad y la variedad hacen que el diseño sea atractivo; así que, ¿por qué no ver a cada persona tal y como es y empezar desde ahí? Nada temperamental, sólo tú de verdad.

ECLECTIC, ANTIQUE & MODERN

Texas, United States

This stylish home with international flare was designed for our sophisticated client, who has occupied, and sold more than 50 homes over the years. Specialty appointments like custom Moroccan doors, metallic plaster walls and stenciled concrete floors enhance her eclectic furnishings with intercontinental flavor. We repurposed tapestries and made pillows with beaded clothing from her past life in the fashion-world to integrate her global collection of art and furniture. Vintage and modern light fixtures highlight layered Persian carpets, French antiques, and brightly colored art pieces to compliment the universal aesthetic. The dark, metallic color palette allows for a sense of harmony and creates an environment of serenity and mystery that envelopes our owner and her quests.

Dieses stilvolle Haus mit internationalem Flair wurde für unseren anspruchsvollen Kunden entworfen, der im Laufe der Jahre mehr als 50 Häuser bewohnt und verkauft hat. Besondere Ausstattungsmerkmale wie maßgefertigte marokkanische Türen, Metallputzwände und Schablonenbetonböden verleihen ihrer vielseitigen Einrichtung einen interkontinentalen Touch. Wir haben Wandteppiche umfunktioniert und Kissen mit perlenbesetzter Kleidung aus ihrem früheren Leben in der Modewelt hergestellt, um ihre globale Kunst- und Möbelkollektion zu integrieren. Vintage- und moderne Leuchten heben geschichtete Perserteppiche, französische Antiquitäten und farbenfrohe Kunstwerke hervor und ergänzen die universelle Ästhetik. Die dunkle, metallische Farbpalette sorgt für ein Gefühl der Harmonie und schafft eine Umgebung der Gelassenheit und des Geheimnisses, die unsere Besitzerin und ihre Suche umhüllt.

Cette élégante maison avec une touche internationale a été conçue pour notre cliente sophistiquée, qui a possédé et vendu plus de 50 maisons au fil des ans. Des éléments spéciaux tels que des portes marocaines sur mesure, des murs en plâtre métallique et des sols en béton estampé rehaussent un mobilier éclectique au goût intercontinental. Nous avons réutilisé des tapisseries et fabriqué des coussins à partir de vêtements de perles de son passé dans le monde de la mode pour intégrer sa collection globale d'art et de mobilier. Les lampes vintage et modernes mettent en valeur les tapis persans superposés, les antiquités françaises et les pièces d'art aux couleurs vives pour compléter l'esthétique universelle. La palette de couleurs sombres et métalliques permet une sensation d'harmonie et crée une ambiance de sérénité et de mystère qui enveloppe notre propriétaire et ses découvertes.

Esta elegante casa con un toque internacional fue diseñada para nuestra sofisticada clienta, que ha ocupado y vendido más de 50 casas a lo largo de los años. Elementos especiales como puertas marroquíes personalizadas, paredes de yeso metálico y suelos de hormigón estarcido realzan un mobiliario ecléctico con sabor intercontinental. Reutilizamos tapices y confeccionamos cojines con prendas de cuentas de su pasado en el mundo de la moda para integrar su colección global de arte y mobiliario. Las lámparas vintage y modernas realzan las alfombras persas en capas, las antigüedades francesas y las piezas de arte de colores vivos para complementar la estética universal. La paleta de colores oscuros y metálicos permite una sensación de armonía y crea un ambiente de serenidad y misterio que envuelve a nuestra propietaria y sus búsquedas.

MORE ART THAN RANCH

Texas, United States

Three cultural influences, Mexican, German, and Native American, common to Texas Hill Country architecture are epitomized in this new build. Thick limestone walls, reclaimed lumber, colonial doors and timber and chinking exterior reflect the time period (mid 1800's) the Hill Country was settled. The result is a rich and highly tactile environment filled with beloved treasures; each piece carefully selected to contribute to a bygone era adds layers of meaning to this home. Fabric selections, architectural pieces, art and antiques create timeless appeal for a sanctuary atop a bluff which overlooks the vast Hill Country landscape. The residence appears to have been perched there 100 years and looks forward to 100 years more.

Drei kulturelle Einflüsse, mexikanische, deutsche und amerikanische Ureinwohner, die der Architektur des Texas Hill Country gemeinsam sind, werden in diesem neuen Gebäude verkörpert. Dicke Kalksteinmauern, wiedergewonnenes Bauholz, Türen aus der Kolonialzeit sowie Holz und rissige Fassaden spiegeln die Zeit wider, in der das Hill Country besiedelt war (Mitte des 19. Jahrhunderts). Das Ergebnis ist eine reichhaltige und äußerst haptische Umgebung voller geliebter Schätze; Jedes Stück, das sorgfältig ausgewählt wurde, um einen Beitrag zu einer vergangenen Ära zu leisten, verleiht diesem Haus Bedeutungsebenen. Stoffauswahl, architektonische Stücke, Kunst und Antiquitäten verleihen einem Zufluchtsort auf einer Klippe mit Blick auf die weite Hügellandschaft einen zeitlosen Reiz. Die Residenz scheint dort schon seit 100 Jahren zu stehen und freut sich auf weitere 100 Jahre.

Trois influences culturelles, mexicaines, allemandes et amérindiennes, communes à l'architecture du Texas Hill Country, sont incarnées dans cette nouvelle construction. D'épais murs en pierre calcaire, du bois récupéré, des portes coloniales, du bois et de la ferronnerie extérieure reflètent la période de l'établissement du Hill Country au milieu des années 1800. Le résultat est un espace riche et hautement tactile rempli de trésors chers ; chaque pièce soigneusement sélectionnée pour contribuer à une époque passée ajoute des couches de signification. La sélection de tissus, les éléments architecturaux, l'art et les antiquités créent un attrait intemporel pour un sanctuaire perché sur une falaise dominant le vaste paysage du Hill Country. La résidence semble avoir été perchée là depuis 100 ans et espère en vivre 100 de plus.

Tres influencias culturales, mexicana, alemana y nativa americana, comunes a la arquitectura de Texas Hill Country se personifican en esta nueva construcción. Gruesos muros de piedra caliza, madera recuperada, puertas coloniales, madera y tintineo exterior reflejan el período de tiempo (mediados de 1800) en el que Hill Country se asentó. El resultado es un ambiente rico y altamente táctil lleno de tesoros queridos; cada pieza cuidadosamente seleccionada para contribuir a una época pasada añade capas de significado. La selección de telas, las piezas arquitectónicas, el arte y las antigüedades crean un atractivo atemporal para un santuario en lo alto de un acantilado que domina el vasto paisaje de Hill Country. La residencia parece haber estado encaramada allí 100 años y espera cumplir 100 más.

DOWN TO THE DETAIL RESTORATION

Texas, United States

The historic Rausch home has survived the test of time and several bad remodels. Named for the original owner who likely built it; later the home operated as a boarding house. One apartment had the bathroom IN the kitchen! Amazingly, it was awarded a historical marker in 1985. Our remodel began with a complete gut and salvage of all that was original from the house. Long-leaf pine floors, bead board and gingerbread-gable trim were all saved. The limestone walls were repointed. The goal was to provide an in-town sanctuary both historically accurate yet outfitted with modern luxuries. Baths were remodeled with exquisite natural stone. The kitchen was renovated with fully integrated appliances. The homeowners' antiques and art integrated with the historically referenced color palette. Surrounded by stone walls, this home with pool, courtyard, and carriage house offers the convenience of in- town living with full privacy.

Das historische Rausch-Haus hat den Zahn der Zeit und mehrere schlechte Umbauten überstanden. Benannt nach dem ursprünglichen Besitzer, der es wahrscheinlich gebaut hat; später diente das Heim als Pension. In einer Wohnung befand sich das Badezimmer IN der Küche! Erstaunlicherweise wurde es 1985 mit einem historischen Denkmal ausgezeichnet. Unser Umbau begann mit einer vollständigen Entkernung und Rettung aller Originalteile des Hauses. Die Böden aus langblättrigem Kiefernholz, die Bretterleisten und die Lebkuchengiebelverkleidung blieben erhalten. Die Kalksteinwände wurden neu verfugt. Ziel war es, einen Zufluchtsort in der Stadt zu schaffen, der sowohl historisch korrekt als auch mit modernem Luxus ausgestattet ist. Die Bäder wurden mit edlem Naturstein umgestaltet. Die Küche wurde mit voll integrierten Geräten renoviert. Die Antiquitäten und Kunstwerke der Hausbesitzer wurden in die historisch bezogene Farbpalette integriert. Dieses von Steinmauern umgebene Haus mit Pool, Innenhof und Kutschenhaus bietet den Komfort eines Stadtlebens mit absoluter Privatsphäre.

La maison historique Rausch a survécu à l'épreuve du temps et à plusieurs rénovations. Elle doit son nom au propriétaire d'origine qui l'a probablement construite ; plus tard, la maison a fonctionné comme une pension de famille. L'un des appartements avait même la salle de bains dans la cuisine ! Étonnamment, il a été attribué un marqueur historique en 1985. Notre rénovation a commencé par une restauration complète de tout ce qui était d'origine. Les planchers de pin à longues feuilles, les lambris de bois et les moulures des corniches ont été préservés. Les murs en pierre calcaire ont été rejointoyés. L'objectif était de créer un sanctuaire en ville qui soit fidèle à l'histoire tout en étant équipé de commodités modernes. Les salles de bains ont été rénovées avec de la pierre naturelle exquise. La cuisine a été mise à jour avec des appareils intégrés. Les antiquités et les œuvres d'art des propriétaires ont été intégrées à la palette de couleurs historiques de référence. Entourée de murs de pierre, cette maison avec piscine, patio et abri offre le confort de la vie en ville en toute intimité.

La histórica casa Rausch ha sobrevivido al paso del tiempo y a varias remodelaciones. Debe su nombre al propietario original que probablemente la construyó; más tarde, la casa funcionó como pensión. Uno de los apartamentos tenía el baño ¡en la cocina!. Sorprendentemente, fue galardonado con un marcador histórico en 1985. Nuestra remodelación comenzó con una completa recuperación de todo lo que era original. Se conservaron los suelos de pino de hoja larga, los listones de madera y las molduras de los frontones de pan de jengibre. Las paredes de piedra caliza se rejuntaron. El objetivo era crear un santuario en la ciudad que fuera fiel a la historia y a la vez estuviera equipado con lujos modernos. Los baños se remodelaron con exquisita piedra natural. La cocina se renovó con electrodomésticos totalmente integrados. Las antigüedades y obras de arte de los propietarios se integraron con la paleta de colores de referencia histórica. Rodeada de muros de piedra, esta casa con piscina, patio y cochera ofrece la comodidad de vivir en la ciudad con total privacidad.

PERFECT UTOPIA

Texas, United States

Crisp, clean, bright, tailored, farmhouse meets ranch. These are the words which come to mind when describing this residence. Simple yet luxurious, this approachable home truly allows one to connect with nature. Every room offers views to the wide-open terrain and grazing wildlife beyond its walls. With light bouncing from all directions, it is easy to appreciate the blend of organic materials found here. Custom appointments such as the Iron vent hood, nickel finished tub, leather-wrapped mirrors, wooden poster bed play to the natural elements and lend to the healing and relaxing environment of understated grace and luxury.

Frais, propre, lumineux, sur mesure, une maison de campagne rejoint un ranch. Ce sont les mots qui viennent à l'esprit pour décrire cette résidence. Simple mais luxueuse, cette maison permet de se connecter à la nature. Toutes les pièces offrent des vues sur le terrain ouvert et sur la faune qui broute au-delà de ses murs. Avec la lumière rebondissant dans toutes les directions, il est facile d'apprécier le mélange de matériaux organiques à l'intérieur. Des éléments personnalisés comme la hotte de ventilation en fer, la baignoire nickelée, les miroirs gainés de cuir et le lit à baldaquin en bois s'harmonisent avec les éléments naturels et contribuent à créer un environnement curatif et relaxant fait de grâce et de luxe discret.

Knackig, sauber, hell, maßgeschneidert, Bauernhaus trifft auf Ranch. Das sind die Worte, die mir in den Sinn kommen, wenn ich diese Residenz beschreibe. Dieses schlichte, aber luxuriöse Haus ermöglicht es einem, sich wirklich mit der Natur zu verbinden. Jedes Zimmer bietet Aussicht auf das weite Gelände und die grasende Tierwelt hinter den Mauern. Da das Licht aus allen Richtungen reflektiert wird, ist die Mischung organischer Materialien, die hier zu finden ist, leicht zu erkennen. Individuelle Ausstattungen wie die eiserne Dunstabzugshaube, die Wanne mit Nickeloberfläche, mit Leder umwickelte Spiegel und das hölzerne Himmelbett spielen mit den natürlichen Elementen und verleihen der heilenden und entspannenden Umgebung von dezenter Anmut und Luxus.

Fresca, limpia, luminosa, a medida, una casa de campo se une a un rancho. Estas son las palabras que vienen a la mente al describir esta residencia. Sencilla pero lujosa, esta casa permite conectar con la naturaleza. Todas las habitaciones ofrecen vistas al terreno abierto y a la fauna que pasta más allá de sus muros. Con la luz rebotando en todas las direcciones, es fácil apreciar la mezcla de materiales orgánicos que se encuentran en el interior. Elementos personalizados como la campana de ventilación de hierro, la bañera niquelada, los espejos forrados en piel y la cama con dosel de madera hacen juego con los elementos naturales y contribuyen a crear un entorno curativo y relajante de gracia y lujo discretos.

SUNNIVA ROSENBERG ARKITEKTUR

Sunniva Neuenkirchen Rosenberg

www.sunnivarosenberg.no

Sunniva Rosenberg Arkitektur is an architecture firm based in Oslo, Norway, founded by Sunniva Neuenkirchen Rosenberg. In recent years, the firm has worked on various large single-family housing projects in different parts of Norway. The company's goal is to develop architecture tailored to the place in a balance between the old and the new, history and the future, created through studies of space, light, orientation, vegetation, time, and place. The aim is to design architecture in harmony with the landscape, where the aspects of architecture and construction technique, poetry, and rationality are combined in the best possible way. Buildings must be solid and withstand the local weather conditions, have a clear concept, and be beautiful with natural materials and good craftsmanship. Our goal is to create architecture that adds additional qualities to a place, allowing it to be experienced in a new way and creating spatial qualities that enrich life.

Sunniva Rosenberg Arkitektur ist ein Architekturbüro mit Sitz in Oslo, Norwegen, das von Sunniva Neuenkirchen Rosenberg gegründet wurde. In den letzten Jahren war das Büro als Architekt für mehrere große Einfamilienhausprojekte in verschiedenen Teilen Norwegens tätig. Ziel des Unternehmens ist es, ortsangepasste Architektur im Spannungsfeld zwischen Neu und Alt, Geschichte und Zukunft zu entwickeln, die durch Studien zu Raum, Licht, Orientierung, Vegetation, Zeit und Ort geschaffen wird. Ziel ist es, Architektur im Einklang mit der Landschaft zu gestalten, in der Aspekte der Baukunst und -technik, der Poesie und der Rationalität bestmöglich zusammenkommen. Die Gebäude sollten stabil und den Witterungsbedingungen des Standorts standhalten, ein klares Konzept haben und mit natürlichen Materialien und guter Handwerkskunst schön sein. Unser Ziel ist es, Architektur zu schaffen, die einem Ort zusätzliche Qualitäten verleiht, ihn auf eine neue Art und Weise erleben lässt und räumliche Qualitäten schafft, die zur Bereicherung des Lebens beitragen können.

Sunniva Rosenberg Arkitektur est une agence d'architecture basée à Oslo, en Norvège, fondée par Sunniva Neuenkirchen Rosenberg. Au cours des dernières années, l'agence a travaillé sur plusieurs grands projets de maisons unifamiliales dans différentes régions de Norvège. L'objectif de l'entreprise est de développer une architecture adaptée au lieu, dans un équilibre entre le neuf et l'ancien, l'histoire et l'avenir, créé à travers l'étude de l'espace, de la lumière, de l'orientation, de la végétation, du temps et du lieu. L'objectif est de concevoir une architecture en harmonie avec le paysage, où les aspects de l'architecture et de la technique de construction, de la poésie et de la rationalité se combinent de la meilleure façon possible. Les bâtiments doivent être solides et résister aux conditions climatiques du lieu, avoir un concept clair et être beaux avec des matériaux naturels et un bon artisanat. Notre objectif est de créer une architecture qui apporte des qualités supplémentaires à un lieu, qui permette de le vivre d'une nouvelle manière et qui crée des qualités spatiales enrichissantes pour la vie.

Sunniva Rosenberg Arkitektur es una firma de arquitectura con sede en Oslo, Noruega, fundada por Sunniva Neuenkirchen Rosenberg. En los últimos años, la firma ha trabajado en varios proyectos grandes de viviendas unifamiliares en diferentes partes de Noruega. El objetivo de la empresa es desarrollar arquitectura adaptada al lugar en un equilibrio entre lo nuevo y lo antiguo, la historia y el futuro, que se crea a través de estudios de espacio, luz, orientación, vegetación, tiempo y lugar. El objetivo es diseñar arquitectura en armonía con el paisaje, donde los aspectos de la arquitectura y la técnica de construcción, la poesía y la racionalidad se combinen de la mejor manera posible. Los edificios deben ser sólidos y resistir las condiciones climáticas del lugar, tener un concepto claro y ser hermosos con materiales naturales y una buena artesanía. Nuestro objetivo es crear arquitectura que aporte cualidades adicionales a un lugar, que permita experimentarlo de una manera nueva y que cree cualidades espaciales que enriquezcan la vida.

THE L15 HOUSE

Lillesand, Norway

Project L15 is located in Lillesand, Norway, on a family property surrounding an old orchard. One of the goals in expanding this single-family house was to create a harmonious blend of the old and the new while respecting the natural surroundings of the building. To achieve this, it was important to consider the history of the place along with the neighboring buildings, the surrounding rocky landscape, tall native pines, and the well-maintained garden, and then integrate them into the overall design. The square plan opens in three directions, each leading to different parts of the site's history. The expansion creates new outdoor spaces and views that aim to optimize the site and connect the house to the garden and history.

Le projet L15 se trouve à Lillesand, en Norvège, sur une propriété familiale entourant un ancien verger. L'un des objectifs en agrandissant cette maison unifamiliale était de créer un ensemble harmonieux du vieux et du neuf, tout en respectant l'environnement naturel du bâtiment. Pour ce faire, il était important de prendre en compte l'histoire du lieu ainsi que les bâtiments voisins, le paysage rocheux environnant, les grands pins indigènes et le jardin bien entretenu, puis de les intégrer dans la conception globale. Le plan carré s'ouvre dans trois directions, chacune menant à différentes parties de l'histoire du lieu. L'extension crée de nouveaux espaces extérieurs et des vues qui cherchent à optimiser le site et à relier la maison au jardin et à l'histoire.

Das L15-Projekt befindet sich in Lillesand, Norwegen, auf einem Familiengrundstück, das um einen alten Obstgarten herum gebaut wurde. Eines der Ziele bei der Erweiterung dieses Einfamilienhauses war es, ein harmonisches Ensemble aus Alt und Neu zu schaffen und dabei die natürliche Umgebung des Gebäudes zu respektieren. Um dies zu erreichen, war es wichtig, die Geschichte des Ortes mit den benachbarten Gebäuden, der umliegenden Felslandschaft, den einheimischen hohen Kiefern, dem gepflegten Garten zu berücksichtigen – und sie in die Gesamtgestaltung zu integrieren. Der eckige Grundriss öffnet sich in drei Richtungen, die alle zu unterschiedlichen Teilen der Geschichte des Ortes führen. Durch die Grundfläche schafft die Erweiterung neue Außenräume und Ausblicke, die darauf abzielen, den Standort zu optimieren und das Haus mit dem Garten und der Geschichte zu verbinden.

El proyecto L15 se encuentra en Lillesand, Noruega, en una propiedad familiar que rodea un antiguo huerto. Uno de los objetivos al expandir esta casa unifamiliar era crear un conjunto armónico de lo antiguo y lo nuevo, respetando al mismo tiempo el entorno natural del edificio. Para lograrlo, fue importante considerar la historia del lugar junto con los edificios vecinos, el paisaje rocoso circundante, los altos pinos nativos y el jardín bien cuidado, y luego integrarlos en el diseño general. El plano cuadrado se abre en tres direcciones, cada una de las cuales conduce a diferentes partes de la historia del lugar. La expansión crea nuevos espacios al aire libre y vistas que buscan optimizar el sitio y conectar la casa con el jardín y la historia.

250

TANDBERG MILLER DESIGN
Ane Tandberg

www.tandbergmiller.com

Tandberg Miller Design is an Interior Design Studio located in Oslo, Norway. Since starting in 2000, we have been working on private and commercial projects, both at home and abroad. All of our projects are tailor-made to suit our clients' needs and our craftmanship is always of the highest quality. Fine elegance, harmony and attention to detail are reflected in our design and function. The use of raw and exclusive materials makes our designs feel both masculine and feminine. Bringing harmony and the feeling of well-being into our projects is an important aspect when developing our designs.

Tandberg Miller Design ist ein Innenarchitekturstudio in Oslo, Norwegen. Seit der Gründung im Jahr 2000 arbeiten wir an privaten und gewerblichen Projekten im In- und Ausland. Alle unsere Projekte sind auf die Bedürfnisse unserer Kunden zugeschnitten und unsere Arbeit ist immer von höchster Qualität. Feine Eleganz, Harmonie und Liebe zum Detail sind in unserem Design und in unserer Arbeitsweise wiederzufinden. Durch die Verwendung von rohen und exklusiven Materialien wirken unsere Entwürfe maskulin und feminin zugleich. Harmonie und Wohlbefinden in unsere Projekte zu bringen, ist ein wichtiger Aspekt bei der Entwicklung unserer Entwürfe.

Tandberg Miller Design est un studio d'architecture d'intérieur situé à Oslo, en Norvège. Depuis notre création en 2000, nous avons travaillé sur des projets privés et commerciaux, à la fois en Norvège et à l'étranger. Tous nos projets sont conçus sur mesure pour répondre aux besoins de nos clients et notre savoir-faire est toujours de la plus haute qualité. L'élégance, l'harmonie et le souci du détail se reflètent dans notre conception et notre fonctionnement. L'utilisation de matériaux bruts et exclusifs confère à nos créations un caractère à la fois masculin et féminin. L'harmonie et le sentiment de bien-être que nous apportons à nos projets sont des aspects importants lors de l'élaboration de nos conceptions.

Tandberg Miller Design es un estudio de diseño de interiores situado en Oslo (Noruega). Desde nuestros comienzos en 2000, hemos trabajado en proyectos privados y comerciales, tanto en nuestro país como en el extranjero. Todos nuestros proyectos están hechos a la medida de las necesidades de nuestros clientes y nuestro trabajo artesanal es siempre de la máxima calidad. La elegancia, la armonía y la atención al detalle se reflejan en nuestro diseño y funcionamiento. El uso de materiales nobles y exclusivos confiere a nuestros diseños un aire masculino y femenino a la vez. Aportar armonía y sensación de bienestar a nuestros proyectos es un aspecto importante a la hora de desarrollar nuestros diseños.

RESIDENCE BILLINGSTAD

Oslo, Norway

This project is a three-story house located on a hilltop just outside Oslo, Norway. The house is north facing and has a beautiful view over the fjord. The clients are passionate sailors, which led them to set sail for an entire year on the Pacific. After renting out the house during this time, they saw the need to upgrade.
To bring more life into the surroundings, contrasts in colours and materials were used. Cabinets and shelves were made to display some of the treasures they brought home from the sailing trip. All furnishings were custom-built, and the focus was on incorporating extra storage space. Dark blue was used to honour the sea which is so important to this family. The interior feels both dark and light and feminine and masculine at the same time, which brings a peaceful harmony into this home.

Bei diesem Projekt handelt es sich um ein dreistöckiges Haus auf einer Bergkuppe in der Nähe von Oslo, Norwegen. Das Haus ist nach Norden ausgerichtet und bietet einen wunderschönen Blick auf den Fjord. Die Bauherren sind leidenschaftliche Segler, was sie dazu veranlasste, ein ganzes Jahr lang auf dem Pazifik zu segeln. Nachdem sie das Haus während dieser Zeit vermietet hatten, sahen sie die Notwendigkeit, es zu modernisieren. Um mehr Leben in die Umgebung zu bringen, wurden Farb- und Materialkontraste eingesetzt. Schränke und Regale wurden angefertigt, um einige der Schätze zu präsentieren, die sie von ihrem Segeltörn mitgebracht hatten. Alle Möbel wurden nach Maß angefertigt, und der Schwerpunkt lag auf der Schaffung von zusätzlichem Stauraum. Dunkelblau wurde verwendet, um das Meer zu ehren, das für diese Familie so wichtig ist. Das Interieur wirkt dunkel und hell, feminin und maskulin zugleich, was eine friedliche Harmonie in dieses Haus bringt.

Ce projet est une maison de trois étages située au sommet d'une colline juste à l'extérieur d'Oslo, en Norvège. La maison est orientée au nord et offre une vue magnifique sur le fjord. Les clients sont des marins passionnés, ce qui les a amenés à naviguer pendant une année entière sur le Pacifique. Après avoir loué la maison pendant cette période, ils ont ressenti le besoin de la moderniser. Pour donner plus de vie à l'environnement, des contrastes de couleurs et de matériaux ont été utilisés. Des armoires et des étagères ont été fabriquées pour exposer certains des trésors qu'ils ont ramenés de leur voyage. Tous les meubles ont été fabriqués sur mesure et l'accent a été mis sur l'intégration d'espaces de rangement supplémentaires. Le bleu foncé a été utilisé pour rendre hommage à la mer, si importante pour cette famille. L'intérieur est à la fois sombre et clair, féminin et masculin, ce qui apporte une harmonie paisible à cette maison.

Este proyecto es una casa de tres plantas situada en lo alto de una colina a las afueras de Oslo, Noruega. La casa está orientada al norte y tiene una hermosa vista sobre el Fiordo. Los clientes son apasionados de la navegación, lo que les llevó a navegar durante todo un año por el Pacífico. Tras alquilar la casa durante este tiempo, vieron la necesidad de actualizarla. Para dar más vida al entorno, se utilizaron contrastes de colores y materiales. Se hicieron armarios y estanterías para exponer algunos de los tesoros que trajeron del viaje en velero. Todos los muebles se hicieron a medida, y se hizo hincapié en incorporar espacio de almacenamiento extra. Se utilizó el azul oscuro en honor al mar, tan importante para esta familia. El interior es a la vez oscuro y luminoso, femenino y masculino, lo que aporta una armonía apacible.

MOUNTAIN CABIN

Hafjell, Norway

The cabin is located on the mountain Hafjell in Norway, a popular ski resort. There was a desire to balance materials and create a feeling of harmony. Industrial materials such as hot rolled steel and mesh were combined with feminine and soft details. A plan was created for the placement of windows and lights, along with panels and floors, that fit in with the rest of the interior. It was important for the owner that the mounted Marco Polo sheep had prime placement in the cabin and the fireplace was designed and built with this in mind. The windows stretch from floor to ceiling and are situated where the view of the mountains and the movement of the sun enter the spatial design. The interior spaces are all custom made to each room to make the most out of the square meters and storage.

Die Hütte befindet sich auf dem Berg Hafjell in Norwegen, einem beliebten Skigebiet. Es bestand der Wunsch, ein Gleichgewicht zwischen den Materialien herzustellen und ein Gefühl der Harmonie zu schaffen. Industrielle Materialien wie wie warmgewalzter Stahl und Gewebe wurden mit femininen und weichen Details kombiniert. Es wurde ein Plan für die Platzierung von Fenstern und Lichtern sowie von Paneelen und Böden erstellt, der zum Rest der Einrichtung passt. Für die Besitzerin war es wichtig, dass das berittene Marco-Polo-Schaf einen erstklassigen Platz in der Kabine erhält, und der Kamin wurde unter Berücksichtigung dieses Aspekts entworfen und gebaut. Die Fenster reichen vom Boden bis zur Decke und befinden sich dort, wo der Blick auf die Berge und die Bewegung der Sonne in die Raumgestaltung einfließen. Die Innenräume sind alle maßgeschneidert, um das Beste aus den Quadratmetern und dem Stauraum zu machen.

Le chalet est situé sur la montagne Hafjell en Norvège, une station de ski très prisée. Il y avait un désir d'équilibrer les matériaux et de créer un sentiment d'harmonie. Les matériaux industriels tels que l'acier laminé à chaud et la maille ont été combinés avec des détails féminins et doux. Un plan a été créé pour l'emplacement des fenêtres et des lumières, ainsi que des panneaux et des sols, qui s'intègrent au reste de l'intérieur. Il était important pour le propriétaire que le mouton Marco Polo soit placé au premier rang dans la cabine et la cheminée a été conçue et construite dans cette optique. Les fenêtres s'étendent du sol au plafond et sont situées là où la vue sur les montagnes et le mouvement du soleil entrent dans la conception de l'espace. Les espaces intérieurs ont été conçus sur mesure pour chaque pièce afin de tirer le meilleur parti des mètres carrés et des espaces de rangement.

La cabaña está situada en la montaña Hafjell de Noruega, una popular estación de esquí. Se deseaba equilibrar los materiales y crear una sensación de armonía. Materiales industriales como el acero laminado en caliente y la malla se combinaron con suaves detalles. Se creó un plan para la colocación de ventanas y luces, junto con paneles y suelos, que encajara con el resto del interior. Para el propietario era importante que la oveja Marco Polo tuviera una ubicación privilegiada en la cabaña, así que la chimenea se diseñó y construyó teniendo esto en cuenta. Las ventanas se extienden desde el suelo hasta el techo y están situadas donde la vista de las montañas y el movimiento del sol entran en el diseño espacial. Los espacios interiores están hechos a medida de cada habitación para aprovechar al máximo los metros cuadrados y el almacenamiento.

CABIN IN LARKOLLEN

Oslo, Norway

This project is located in Larkollen, just south of Oslo, Norway. It is a typical summer town where the houses are just a few steps from the ocean. This summer house was built in the 90s and needed some modernisation. The house is designed with large open windows facing the sea, inviting as much of the surrounding environment indoors as possible. Bringing nature indoors, was equally as important as how the outdoor spaces were designed and utilised. The colour schemes are inspired by the coastal landscape, bringing harmony to the spatial design. The use of driftwood and flagstone, along with the white and blue tones, combine the raw natural components, with the softer feminine details. The goal was to give the owner a heightened feeling of peace and well-being, in what is described as a home away from home. A haven, in contrast to the hustle and bustle of city.

Dieses Projekt befindet sich in Larkollen, südlich von Oslo, Norwegen. Es ist ein typischer Sommerort, wo die Häuser nur ein paar Schritte vom Meer entfernt sind. Dieses Sommerhaus wurde in den 90er Jahren gebaut und musste modernisiert werden. Das Haus ist mit großen, offenen Fenstern zum Meer hin konzipiert, um so viel wie möglich von der Umgebung ins Haus zu holen. Die Natur ins Haus zu holen, war ebenso wichtig wie die Gestaltung und Nutzung der Außenbereiche. Die Farbgestaltung ist von der Küstenlandschaft inspiriert und bringt Harmonie in die Raumgestaltung. Die Verwendung von Treibholz und Steinplatten sowie die Weiß- und Blautöne verbinden die rohen, natürlichen Komponenten mit den weicheren, femininen Details. Ziel war es, der Besitzerin ein Gefühl der Ruhe und des Wohlbefindens zu vermitteln, das sie als ein Zuhause fern von zu Hause beschreibt. Ein Zufluchtsort, der im Gegensatz zur Hektik der Stadt steht.

Ce projet est situé à Larkollen, juste au sud d'Oslo, en Norvège. Il s'agit d'une ville d'été typique où les maisons ne sont qu'à quelques pas de l'océan. Cette maison d'été a été construite dans les années 90 et avait besoin d'être améliorée. La maison est conçue avec de grandes fenêtres ouvertes sur la mer, invitant autant que possible l'environnement à l'intérieur. Faire entrer la nature à l'intérieur était tout aussi important que la façon dont les espaces extérieurs ont été conçus et vécus. La palette de couleurs s'inspire du paysage côtier et apporte de l'harmonie à l'aménagement de l'espace. L'utilisation de bois flotté et de dalles, ainsi que les tons blancs et bleus, combinent les composants naturels bruts avec des détails féminins plus doux. L'objectif était de donner au propriétaire un sentiment accru de paix et de bien-être, dans ce qui est décrit comme une maison loin de chez soi. Un havre de paix qui contraste avec l'agitation de la ville.

Este proyecto se encuentra en Larkollen, al sur de Oslo (Noruega). Es un típico pueblo de veraneo en el que las casas están a pocos pasos del mar. Esta casa de verano se construyó en los años 90 y necesitaba algunas mejoras. La casa está diseñada con grandes ventanales abiertos al mar, que invitan a entrar en ella todo lo posible del entorno que la rodea. Llevar la naturaleza al interior era tan importante como diseñar y vivir los espacios exteriores. Las combinaciones de colores se inspiran en el paisaje costero, aportando armonía al diseño espacial. El uso de madera flotante y lajas, junto con los tonos blancos y azules, combinan los componentes naturales en bruto con los detalles femeninos más suaves. El objetivo era dar al propietario una mayor sensación de paz y bienestar, en lo que se describe como un hogar lejos del hogar. Un refugio en contraste con el ajetreo de la ciudad.

CABIN "NATTEN"

Nesbyen, Norway

The "Natten" project is situated in the Norwegian mountains. "Natten" means night in Norwegian, and the project and its interior reflect the feeling of calm nights and crisp winters. This project included a complete renovation. The materials were carefully chosen to create an overall impression of functionality and harmony, with the use of flagstone to make a bold statement. Using this material in the master bathroom across both flooring and walls created a unique shower detail. The other walls are painted with a warm light grey colour to provide a modern touch while keeping the classic wooden structure of the cabin. Raw steel is used to create a rough impression and keep the masculine style of the project. For the spatial design and floorplan, it was essential to use soft materials to improve the acoustic and comfort. This gives an overall warmth encompassing the project's interior.

„Natten" bedeutet auf Norwegisch „Nacht", und das Projekt und sein Interieur vermitteln das Gefühl von ruhigen Nächten und knackigen Wintern. Dieses Projekt umfasste eine komplette Umgestaltung. Die Materialien wurden sorgfältig ausgewählt, um einen Gesamteindruck von Funktionalität und Harmonie zu schaffen, wobei die Verwendung von Naturstein ein gewagtes Statement darstellt. Im Hauptbadezimmer wurde dieses Material sowohl für den Bodenbelag als auch für die Wände verwendet, wodurch ein einzigartiges Duschdetail entstand. Die anderen Wände sind in einem warmen Hellgrau gestrichen, um einen modernen Akzent zu setzen und gleichzeitig die klassische Holzstruktur der Kabine beizubehalten. Roher Stahl wird verwendet, um einen rauen Eindruck zu vermitteln und den maskulinen Stil des Projekts zu bewahren. Bei der Gestaltung des Spa-Bereichs und des Innenraums war es wichtig, dass zur Verbesserung der Akustik und des Komforts hochwertige Materialien verwendet wurden. Dies verleiht dem gesamten Innenraum des Projekts eine warme Ausstrahlung.

Le projet « Natten » est situé dans les montagnes norvégiennes. « Natten » signifie nuit en norvégien, et le projet et son intérieur reflètent le sentiment de nuits calmes et d'hivers frais. Ce projet a fait l'objet d'une rénovation complète. Les matériaux ont été soigneusement choisis pour créer une impression générale de fonctionnalité et d'harmonie, avec l'utilisation de la pierre de taille pour faire une déclaration audacieuse. L'utilisation de ce matériau dans la salle de bains principale, à la fois sur le revêtement et sur les murs, a permis de créer un détail unique pour la douche. Les autres murs sont peints d'un gris clair chaud pour apporter une touche de modernité tout en conservant la structure en bois classique de la cabine. L'acier brut est utilisé pour créer une impression de brutalité et conserver le style masculin du projet. Pour la conception de l'espace et le plan d'étage, il était essentiel d'utiliser autant de matériaux pour améliorer l'acoustique et le confort. Cela donne une chaleur générale à l'intérieur du projet.

El proyecto «Natten» está situado en las montañas noruegas. «Natten» significa noche en noruego, y el proyecto y su interior reflejan la sensación de noches tranquilas e inviernos crujientes. Este proyecto incluyó una renovación completa. Los materiales se eligieron cuidadosamente para crear una impresión general de funcionalidad y armonía, con el uso de piedra ágata para hacer una declaración audaz. El uso de este material en el baño principal, tanto en el revestimiento como en las paredes, creó un detalle único en la ducha. El resto de las paredes están pintadas con un cálido color gris claro para dar un toque moderno sin perder la clásica estructura de madera de la cabaña. Se utiliza acero en bruto para crear una impresión ruda y mantener el estilo masculino del proyecto. Para el diseño espacial y el plano, era esencial utilizar materiales que mejoraran la acústica y el confort. Esto aporta una calidez general al interior del proyecto.

TRIGUEIROS ARCHITECTURE

Vasco Trigueiros, Maria Sigeman Trigueiros

www.trigueiros.net

Trigueiros Architecture is an architectural design studio based in Stockholm since 2003. We unite particular skills with a Passion to stretch Creativity beyond the Perception of styles: The Aesthetic is rather the results of experiences and origin. We develop extraordinary and highly innovative architecture, combining contemporary flavors, international ambitions, and a true Scandinavian heritage. We always strive for results and simplicity, using Sensibility, Playfulness and Honesty as value creation basics. We design in high international standard adding values and durability. We work systematically and carefully with our clients and their visions. Each project being completed from sketch to ensuring craftsmanship on site. Assignments include private villas, furniture design, residential areas, commercial space etc. Architect Vasco Trigueiros originates from Brazil & Sweden runs the company with Maria Sigeman Trigueiros.

Trigueiros Architecture ist ein Architekturbüro, das seit 2003 in Stockholm ansässig ist. Wir vereinen besondere Fähigkeiten mit der Leidenschaft, Kreativität über die Wahrnehmung von Stilen hinaus auszudehnen: Ästhetik ist vielmehr das Ergebnis von Erfahrungen und Herkunft. Wir entwickeln außergewöhnliche und hochinnovative Architektur, die zeitgenössische Einflüsse, internationale Ambitionen und ein echtes skandinavisches Erbe miteinander verbindet. Wir streben stets nach Ergebnissen und Einfachheit, wobei wir Sensibilität, Verspieltheit und Ehrlichkeit als Grundlage der Wertschöpfung nutzen. Wir entwerfen nach einem hohen internationalen Standard, der Wert und Langlebigkeit schafft. Wir arbeiten systematisch und sorgfältig mit unseren Kunden und ihren Visionen. Jedes Projekt wird von der Skizze bis zur handwerklichen Fertigstellung vor Ort abgeschlossen. Zu unseren Aufträgen gehören private Villen, Möbeldesign, Wohngebiete, Geschäftsräume usw. Der Architekt Vasco Trigueiros, brasilianischer und schwedischer Herkunft, leitet das Unternehmen zusammen mit Maria Sigeman Trigueiros.

Trigueiros Architecture est un studio d'architecture basé à Stockholm depuis 2003. Nous associons des compétences particulières à une passion pour la créativité au-delà de la perception des styles : l'esthétique est plutôt le résultat d'expériences et d'origines. Nous développons une architecture extraordinaire et hautement innovante, combinant des saveurs contemporaines, des ambitions internationales et un véritable héritage scandinave. Nous nous efforçons toujours d'obtenir des résultats et d'être simples, en utilisant la sensibilité, l'espièglerie et l'honnêteté comme fondements de la création de valeur. Nous concevons des produits répondant à des normes internationales élevées, qui ajoutent de la valeur et de la durabilité. Nous travaillons systématiquement et soigneusement avec nos clients et leurs visions. Chaque projet est réalisé depuis l'esquisse jusqu'à la finition à la main sur le site. Les commandes comprennent des villas privées, la conception de meubles, des zones résidentielles, des espaces commerciaux, etc. L'architecte Vasco Trigueiros, d'origine brésilienne et suédoise, dirige l'entreprise avec Maria Sigeman Trigueiros.

Trigueiros Architecture es un estudio de arquitectura con sede en Estocolmo desde 2003. Unimos habilidades particulares con una pasión por estirar la creatividad más allá de la percepción de los estilos: La Estética es más bien el resultado de experiencias y origen. Desarrollamos una arquitectura extraordinaria y altamente innovadora, combinando sabores contemporáneos, ambiciones internacionales y una verdadera herencia escandinava. Siempre nos esforzamos por obtener resultados y simplicidad, utilizando la Sensibilidad, la Lúdica y la Honestidad como fundamentos de creación de valor. Diseñamos con un alto estándar internacional añadiendo valores y durabilidad. Trabajamos sistemática y cuidadosamente con nuestros clientes y sus visiones. Cada proyecto se completa desde el boceto hasta garantizar los acabados a mano in situ. Los encargos incluyen villas privadas, diseño de mobiliario, zonas residenciales, espacios comerciales, etc. El arquitecto Vasco Trigueiros, de origen Brasileño y Sueco, dirige la empresa con Maria Sigeman Trigueiros.

VILLA OFFLAND

Hale, United Kingdom

In a context of a characteristic British neighbourhood in Hale, southwest of Manchester, Villa Offland is completed. With nature present in both materials and shapes of the building, it is clear that this project is inspired by the roots of Northern architecture. With a thin, vertical cedar wood cladding in a distinguished curve around the building, the architecture is a modern homenaje to Sigurd Lewerentz and Alvar Aalto. The soft, curved volumes are designed with respect for surrounding buildings and to create privacy. A frame of steel, dressed in wood and glass, creates a sculptural structure which gives the project its most obvious strength. With its lowered position in the landscape and its curved volumes, designed to give privacy to its surrounding buildings, Villa Offland succeeds to create its own natural space on this narrow site.

Dans le contexte de la banlieue britannique de caractère de Hale, au sud-ouest de Manchester, la Villa Offland est achevée. La nature étant présente à la fois dans les matériaux et dans les formes du bâtiment, il est clair que ce projet s'inspire des racines de l'architecture nordique. Avec un bardage vertical en cèdre qui forme une courbe distinctive autour du bâtiment, l'architecture est un hommage moderne à Sigurd Lewerentz et Alvar Aalto. Les volumes doux et courbes sont conçus pour respecter les bâtiments environnants et créer une certaine intimité. Une ossature en acier, habillée de bois et de verre, crée une structure sculpturale qui donne au projet sa force la plus évidente. Avec sa position basse dans le paysage et ses volumes courbes, conçus pour donner de l'intimité aux bâtiments environnants, la Villa Offland réussit à créer son propre espace naturel dans ce site étroit.

Im Kontext eines charakteristischen britischen Viertels in Hale, südwestlich von Manchester, wird die Villa Offland fertiggestellt. Da die Natur sowohl in den Materialien als auch in den Formen des Gebäudes vorhanden ist, ist es klar, dass dieses Projekt von den Wurzeln der nordischen Architektur inspiriert ist. Mit einer dünnen, vertikalen Zedernholzverkleidung in einer markanten Kurve um das Gebäude herum ist die Architektur eine moderne Hommage an Sigurd Lewerentz und Alvar Aalto. Die weichen, geschwungenen Volumen wurden mit Rücksicht auf die umliegenden Gebäude entworfen und schaffen Privatsphäre. Ein Rahmen aus Stahl, verkleidet mit Holz und Glas, schafft eine skulpturale Struktur, die dem Projekt seine offensichtlichste Stärke verleiht. Mit ihrer abgesenkten Position in der Landschaft und ihren geschwungenen Volumen, die den umliegenden Gebäuden Privatsphäre bieten sollen, gelingt es der Villa Offland, auf diesem schmalen Grundstück einen eigenen natürlichen Raum zu schaffen.

En el contexto de un característico barrio británico de Hale, al suroeste de Manchester, se completa Villa Offland. Con la naturaleza presente tanto en los materiales como en las formas del edificio, está claro que este proyecto se inspira en las raíces de la arquitectura del norte. Con un fino revestimiento vertical de madera de cedro en una distinguida curva alrededor del edificio, la arquitectura es un moderno homenaje a Sigurd Lewerentz y Alvar Aalto. Los volúmenes suaves y curvos se han diseñado respetando los edificios circundantes y creando intimidad. Un armazón de acero, revestido de madera y cristal, crea una estructura escultural que confiere al proyecto su fuerza más evidente. Con su posición baja en el paisaje y sus volúmenes curvos, diseñados para dar intimidad a los edificios circundantes, Villa Offland consigue crear su propio espacio natural en este estrecho emplazamiento.

VILLA MAGELUNGEN

Lake Magelungen, Sweden

The presence of water, exposed rock and mighty oak trees at the plot inspired the composition of Villa Magelungen. A low concrete base with two generous cedar volumes. Creating a varying landscape of outdoor spaces and patios that open towards the lake, making the most of the lush oak grove, raw granite rock and serene nature views. A family dream house where American 1960s architecture meets contemporary Nordic aesthetics. The two main volumes of the house are placed in an angle, creating an atrium towards the lake. A warm and rich interior with tactile details and materials, featuring a bespoke kitchen in dark smoked oak. Love is truly in the details. In all perspectives, Villa Magelungen represents a respectful and careful transition between house and terrain. But most of all, the feeling of home.

Die Anwesenheit von Wasser, freiliegenden Felsen und mächtigen Eichen auf dem Grundstück inspirierte die Komposition der Villa Magelungen. Ein niedriger Betonsockel mit zwei großzügigen Bänden aus Zedernholz. Es ist die Verbindung einer abwechslungsreichen Landschaft aus Außenbereichen und Terrassen, die sich zum See öffnen und das Beste aus dem üppigen Eichenhain, dem rohen Granitfelsen und der ruhigen Aussicht auf die Natur machen. Ein Familientraumhaus, in dem amerikanische Architektur der 1960er Jahre auf zeitgenössische nordische Ästhetik trifft. Die beiden Hauptkörper des Hauses sind in einem Winkel angeordnet, wodurch ein Atrium zum See entsteht. Ein warmes und reichhaltiges Interieur mit haptischen Details und Materialien, mit einer maßgeschneiderten Küche in dunkler Räuchereiche. Die Liebe steckt im Detail. Die Villa Magelungen stellt in allen Perspektiven einen respektvollen und behutsamen Übergang zwischen Haus und Grundstück dar. Aber vor allem das Gefühl von Zuhause.

La présence de l'eau, de la roche et de puissants chênes sur le site a inspiré la composition de la Villa Magelungen : une base basse en béton avec deux volumes généreux en cèdre créant un paysage varié d'espaces extérieurs et de cours s'ouvrant sur le lac, tirant le meilleur parti de la forêt de chênes luxuriante, de la roche granitique brute et des vues sereines sur la nature. Une maison familiale de rêve où l'architecture américaine des années 1960 rencontre l'esthétique nordique contemporaine. Les deux volumes principaux de la maison sont disposés en angle, créant un atrium vers le lac. Un intérieur chaleureux, riche en détails et en matériaux tactiles, avec une cuisine sur mesure en chêne fumé foncé. L'amour est dans les détails. À tous points de vue, la Villa Magelungen représente une transition respectueuse et prudente entre la maison et le terrain, mais surtout le sentiment d'être chez soi.

La presencia de agua, roca y poderosos robles en la parcela inspiraron la composición de Villa Magelungen: una base baja de hormigón con dos generosos volúmenes de cedro creando un paisaje variado de espacios exteriores y patios que se abren hacia el lago, aprovechando al máximo el frondoso robledal, la roca de granito en bruto y las serenas vistas de la naturaleza. Una casa familiar de ensueño en la que la arquitectura americana de los años 60 se encuentra con la estética nórdica contemporánea. Los dos volúmenes principales de la casa están colocados en ángulo, creando un atrio hacia el lago. Un interior cálido y rico en detalles y materiales táctiles, con una cocina hecha a medida en roble ahumado oscuro. El amor está en los detalles. Desde todos los puntos de vista, Villa Magelungen representa una transición respetuosa y cuidadosa entre la casa y el terreno, pero, sobre todo, la sensación de estar en casa.

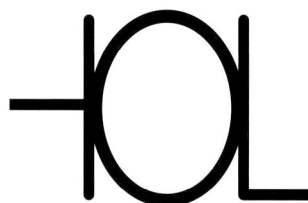

Ralf Daab
Founder

www.myHOL.net
www.high-on-living.com

About HOL

HOL, short for HIGH ON LIVING, is a label for concept books on architecture, design and lifestyle and an online community for creatives, who strive to showcase their work and vision to the world in a mindful and holistic manner. HOL represents being genuinely alive, engaging with the world, and living in blissful awareness. It encompasses the idea of living life to its fullest by appreciating the beauty and wonders of the world. We have more than 25 years of experience in the global art book market and are now pleased to share our expertise and invite all open-minded creatives to join us and co-create HOL.

Über HOL

HOL, die Abkürzung für HIGH ON LIVING, ist ein Label für Konzeptbücher zu den Themen Architektur, Design und Lifestyle sowie eine Online-Community für Kreative, die ihre Arbeit und Visionen der Welt auf achtsame und ganzheitliche Weise präsentieren wollen. HOL steht für echtes Leben, für die Auseinandersetzung mit der Welt und für ein Leben in glücklichem Bewusstsein. Es steht für die Idee, das Leben in vollen Zügen zu leben, indem man die Schönheit und die Wunder der Welt zu schätzen weiß. Wir verfügen über mehr als 25 Jahre Erfahrung auf dem globalen Kunstbuchmarkt und freuen uns nun, unser Fachwissen mit anderen zu teilen und laden alle aufgeschlossenen Kreativen ein, sich uns anzuschließen und HOL mitzugestalten.

À propos de HOL

HOL, abréviation de HIGH ON LIVING, est un label de livres conceptuels sur l'architecture, le design et le style de vie, ainsi qu'une communauté en ligne pour les créatifs qui s'efforcent de présenter leur travail et leur vision au monde d'une manière attentive et holistique. HOL représente le fait d'être authentiquement vivant, de s'engager dans le monde et de vivre dans une conscience heureuse. Elle englobe l'idée de vivre pleinement sa vie en appréciant la beauté et les merveilles du monde. Nous avons plus de 25 ans d'expérience sur le marché mondial du livre d'art et sommes heureux de partager notre expertise et d'inviter tous les créatifs à l'esprit ouvert à nous rejoindre et à co-créer HOL.

Acerca de HOL

HOL, abreviatura de HIGH ON LIVING, es una marca de libros conceptuales sobre arquitectura, diseño y estilo de vida y una comunidad en línea para creativos que se esfuerzan por mostrar su trabajo y su visión al mundo de forma consciente y holística. HOL representa estar genuinamente vivo, comprometerse con el mundo y vivir con plena conciencia. Abarca la idea de vivir la vida al máximo apreciando la belleza y las maravillas del mundo. Nosotros tenemos más de 25 años de experiencia en el mercado mundial del libro de arte y ahora nos complace compartir nuestra experiencia e invitar a todos los creativos de mente abierta a unirse a nosotros y co-crear HOL.

DIRECTORY

A.GRUPPO ARCHITECTS
DALLAS OFFICE
3800 Main Street
Suite E
USA - Dallas, Texas 75226
T +1 214 316 6806
thad@agruppo.com
www.agruppo.com

SAN MARCOS OFFICE
109 East Hopkins
Suite 208
USA - San Marcos, Texas 78666
T +1 512 557 2140
andrew@agruppo.com
www.agruppo.com

Photos: © A.Gruppo, Dror Baldinger,
Charles Davis Smith

ARKITEKT MANUELA HARDY AS
Øvrevollen 2
N - 4319 Sandnes
T +47 97891727
manuela@mh-arkitektur.no
www.mh-arkitektur.no
Photos: © Manuela Hardy,
Lionel Hardy

ARCHITEKTUR & VISUELLE KUNST
Reto Scheiber GmbH
Mühlehof 3
CH - 6467 Schattdorf
T +41 41 871 13 13
rs@retoscheiber.com
www.retoscheiber.com
Photos: © Reto Scheiber, Jon Trachsel,
Dave Schuler, Armin Lauber

BRANDENBERGER KLOTER
ARCHITEKTEN BSA SIA
Gempenstrasse 10
CH - 4053 Basel
T +41 61 331 66 77
info@bbka.ch
www.brandenbergerkloter.ch
Photos: © Basile Bornand Fotopraxis,
Jachin Specht

BRETT ZAMORE DESIGN LLC
1501 Laird Street
USA - Houston, TX 77008
T +1 713 623 1926
office@brettzamoredesign.com
www.brettzamoredesign.com
Photos: © Ayala Vargas

BRUNO MARCANTONIO
ARCHITEKTEN GmbH
Wissmatte 10
CH - 5212 Hausen AG
T +41 79 518 78 75
bm@brunomarcantonio.ch
www.brunomarcantonio.ch

CAGE ATELIER
Urbanização do Gorgulão II, Lote 5, 3º B
P - 3025-284 Coimbra
T +351 917 946 423
cageatelier@gmail.com
www.cageatelier.pt
Photos: © Ivo Tavares Studio

CORTINA & KÄLL
Alfred Wigelius väg 10
S - 412 49 Gothenburg
T +46 31 15 10 20
info@cortina.se
www.cortina.se
Photos: © Lasse Olsson, Ulf Celander,
Tim Williams, Christoph Philadelphia,
Cooper & Gorfer

DANIEL HUBER ARCHITEKTUR GmbH
Untermühleweg 6
CH - 7302 Landquart
T +41 81 302 77 11
mail@danielhuber.ch
www.danielhuber.ch
Photos: © Daniel Huber, Ralph Feiner

DP ARQUITECTOS
Cabeço das Várzeas, sn
P - 2025-505 Tremez, Santarém
T +351 962 903 342
mail@dparquitectos.pt
www.dparquitectos.pt
Photos: © Ivo Tavares Studio

FREESE ARCHITECTURE
1634 South Boston Avenue
USA - Tulsa, Oklahoma 74119
T +1 918.744.7667
brian@freesearchitecture.com
www.freesearchitecture.com
Photos: © Charles Davis Smith,
Nathan Harmon Photography

GO INTERIORS GmbH
Seestrasse 344
CH - 8038 Zürich
T +41 44 463 83 83
info@go-interiors.ch
www.go-interiors.ch
Photos: © Pierre Kellenberger

GRAMS.GRAMS ARCHITEKTUR
Dr. Konrad-Wiegand-Straße 11
D - 63939 Wörth am Main
T +49 170 1639563
mail@grams-grams.de
www.grams-grams.de
Photos: © Edgard Schmeichel

JASMIN & CO. INTERIORS AG

Limmatstrasse 55
CH - 5412 Vogelsang
T +41 56 223 97 97
info@jasmin-co.com
www.jasmin-co.com
Photos: © Matthias Wagner Fotografie,
Jasmin Jean Wullschleger

JOHN GRABLE ARCHITECTS

222 Austin Highway #1
USA - San Antonio, TX 78209
T +1 210 820 3332
info@johngrable.com
www.johngrable.com
Photos: © Timothy Hursley,
John Grable Architects

M3 ARCHITEKTEN AG

Asylstrasse 58
CH - 8032 Zürich
T +41 44 363 99 15
kontakt@3-architekten.ch
www.m3-architekten.ch
Photos: © Helbling Fotografie GmbH,
Lakeside Photography, indievisual AG

MICHELE ARNABOLDI ARCHITETTI

Via Remorino 16
CH - 6648 Minusio
T +41 91 751 76 34
info@ma-a.ch
www.ma-a.ch
Photos: © Nicola Roman Walbeck,
Chiara Tiraboschi

MROSE BAUINGENIEURE GmbH

Zürcherstrasse 4
CH - 5401 Baden
T +41 56 221 71 32
urs.mrose@mrose.ch
www.mrose.ch
Photos: © René Rötheli

RAHNEE GLADWIN

Fredericksburg Studio
616 West Main Street, #201
USA - Fredericksburg, TX 78624
Correspondence: PO Box 2668
Fredericksburg, TX 78624
T +1 830 992 2923
M +1 210 859 9939
rgladwin43@yahoo.com
www.idesigntile.com
Photos: © Dror Baldinger,
Lars Frazer, Casey Dunn

RAULINO SILVA ARQUITECTO

P - Vila do Conde
T +351 918161635
raulinosilva.arquitecto@gmail.com
www.raulinosilva.blogspot.com
Photos: © Raulino Silva, José Campos,
João Morgado

SCHOEPF LIVING AG

Kornplatz 2
CH - 7000 Chur
T +41 81 252 64 16
F +41 81 252 22 04
info@schoepf-living.ch
www.schoepf-living.ch
Photos: © Andrea Badrutt

SETH ANDERSON STUDIO

7514 Mallard Way, Unit 3
USA - Santa Fe, NM 87507
T +1 505 467 8738
Info@sethandersonstudio.com
www.sethandersonstudio.com
Photos: © Seth Anderson &
Seth Anderson Studio

SIMMENGROUP HOLDING AG

Zentrum Staldenbach 1
CH - 8808 Pfäffikon SZ
T +41 44 728 90 20
info@simmengroup.ch
www.simmengroup.ch
Photos: © Pierre Kellenberger

SLAUGHTER DESIGN STUDIO

150 E Main St #301
USA - Fredericksburg, TX 78624
T +1 830 307 3397
amy@slaughterdesignstudio.com
www.slaughterdesignstudio.com
Photos: © Slaughter Design Studio

SUNNIVA ROSENBERG ARKITEKTUR / SRA

Sørligata 2a
N - 0577 Oslo
T +47 41 55 31 41
post@sunnivarosenberg.no
www.sunnivarosenberg.no
Photos: © Rasmus Norlander,
Alva Thylén, Sunniva N. Rosenberg

TANDBERG MILLER DESIGN

Heggelibakken 2
N - 0375 Oslo
T +47 930 26 053
Ane@tandbergmiller.com
www.tandbergmiller.com
Photos: ©Margaret M. de Lange

TRIGUEIROS ARCHITECTURE

Blekingegatan 46
S - 116 62 Stockholm
T +46 8 309925
info@trigueiros.net
www.trigueiros.net
Photos: © James Silverman,
Andy Haslam, Sanna Dahlén